Restez zen

La Méthode du chat

Du même auteur

Quelqu'un derrière la porte
Préface de Françoise Chandernagor
Mediaspaul, 1990

Chahuté, moi ? Jamais !
Fleurus, 1991

Un rien me fait prier
Resiac, 1992

Fais pas la grimace à Dieu
L'Harmattan, 1993

Les Oiseaux pour sourire et rêver
Préface de Jérôme Garcin
L'Harmattan, 1994

Guide de relaxation
pour ceux qui n'ont pas le temps
Postface du Dr Cuvelier
Seuil, 1996

HENRI BRUNEL

Restez zen

La Méthode du chat

ÉDITIONS DU SEUIL
27, rue Jacob, Paris VIe

ISBN 2-02-053054-6
(ISBN 2-02-033244-2, pour la première publication)

www.seuil.com

A maman,
A Dominique,
A tous les chats, qui me firent l'honneur de vivre sous mon toit.

Je propose des recettes de relaxation et des paroles de sagesse. Le tout mêlé, le tout uni sous la gracieuse férule du chat. Je les festonne d'anecdotes émouvantes ou drôles, tissées au fil des jours, couleur du temps. Accueillez ces pages avec amitié et sourire, ainsi que je les ai écrites. Ne les laissez pas se disperser au vent étourdi. Soyez relaxé. Vivez juste. Restez zen.

LE BUT DE LA RELAXATION N'EST PAS LA RELAXATION

« La peinture ne doit jamais écrire en prose. »

Picasso.

La relaxation est à la mode. Une demande aiguë, prégnante, suscite une offre foisonnante, multiforme, où le meilleur côtoie le pire. Essayons pour voir un peu clair de tracer des limites et de proposer une espérance.

Le but de la relaxation n'est pas la relaxation.

Cette affirmation liminaire risque de faire grincer les dents. Comment ? Un livre qui d'entrée de jeu dénonce son objet ! L'auteur se moque de nous, qu'il s'explique ou qu'on le pende ! Je plaisante, et cependant... la tentation obstinée des structures, leur « perversion » disait Spinoza, est de vouloir s'ériger en absolu. La relaxation n'est pas à elle-même sa propre fin, sa visée n'est pas l'atonie, la disparition de toute énergie musculaire. Son idéal n'est pas de nous transformer en zombies, en individus amorphes et passifs. La relaxation est un chemin, un moyen, rien de plus, rien de moins. Voilà ses limites.

Mais en nous aidant à mieux gérer notre capital énergétique, en calmant nos affects, elle nous incline à la lucidité, elle nous enseigne, peu à peu, juste une attitude, mais une attitude JUSTE. Quand nous pratiquons la relaxation avec patience, détermination, gaieté aussi, nous apprenons la réconciliation avec nous-mêmes, et la tendresse pour autrui, ce qui est lié. Nous atteignons la paix unique du détachement, ardents à l'extérieur et point brûlés à l'intérieur, nous devenons un peu plus, un peu *mieux*, des hommes heureux et libres. Voilà ses promesses.

– Cher auteur, me permettez-vous une observation ?

– Je vous en prie...

– Je suis un homme simple et carré, et j'ai pour habitude d'aller droit au but.

– Je vous écoute.

– Vous nous déclarez que la finalité de la relaxation n'est pas de nous transformer en serpillières.

– En effet, bien que votre formulation soit amusante...

– Ensuite vous énumérez les avantages de votre produit. Je résume : en éliminant le parasitage émotionnel, les dysfonctionnements nerveux, la relaxation nous rend plus équilibrés et plus efficaces.

– Tout cela est exact, mais...

– Je vous pose brutalement la question : pourquoi dans ces conditions nous parler d'amitié, de tendresse pour autrui, de gaieté et de méthode du chat ? Je vous le dis franchement, j'avais décelé dans votre dernier livre[1], à côté de recettes fort utiles, une tendance à la complication, la poésie et autres fumées... je vois que vous persévérez !

– C'est que la relaxation n'est pas seulement une technique. Le corps et l'esprit ne sont pas des objets que l'on peut

1. *Guide de relaxation pour ceux qui n'ont pas le temps*, Éd. du Seuil, 1996.

manipuler à son gré. Les instrumentaliser, comme l'air du temps, la publicité parfois nous y invitent, constitue, malgré les grâces de façade, une agression, témoigne d'une ignorance ou d'un mépris. La relaxation est une patiente éducation de soi par soi. Elle commence par une reconnaissance du corps : laid, vieux, malade, ou beau, éclatant de jeunesse et de santé, peu importe. Elle engage avec lui un dialogue. Elle met en œuvre toutes les ressources de la palette éducative : le respect, la fermeté alliée à la compréhension chaleureuse, l'amour (il n'y a pas d'éducation sans amour, sans bienveillance), le sourire, le jeu qui exerce et libère, l'humour qui dédramatise, la poésie enfin, éveil du chant intérieur, à la fois rêve et prière. La relaxation que l'on aborde pour dissiper une contraction gênante, soulager un mal de dos ou une migraine, « décoincer » la glotte ou le diaphragme, faciliter le sommeil, diminuer l'angoisse de vivre, se transforme peu à peu. On croyait réaliser une sorte d'économie de la santé, on se trouve engagé dans une quête de sens, une recherche éthique, un chemin de SAGESSE.

– Je ne vous en demandais pas tant..., soupire mon interlocuteur.

Je souris, essaie quelques pointes de malice. Sourcils froncés, il me présente un front buté. C'est pour lui et tant d'autres que j'ai placé ces relaxations sous les auspices du chat. Le chat réel ou parabole, modèle de grâce et d'équilibre entre fulgurance et détente, le chat, fil rouge de ce livre, l'inclinera peut-être à m'écouter. Ma petite musique fera en lui son chemin... j'y ai mis ce que je garde de ferveur, j'ai sorti mon violon de fête. Elle dansera au pas de sa liberté.

LE CHAT, CET ÉVEILLEUR

Un 21 mars, le jour du printemps, je le cueillis au milieu de la portée. C'était un chaton de neuf semaines, le dos rayé de gris léger, des pattes hautes gantées de blanc, un museau innocent, le nez blanc et rose, la bouche petite, la langue timide, des yeux verts pailletés de sable et d'or. A deux mois et demi ses griffes étaient déjà cuisantes. Il les rétractait juste un peu pour caresser la joue du monstrueux berger allemand, près de qui il s'endormait, flanc contre flanc. Il fallait le voir les petits matins d'avril gambader dans l'herbe haute. Tantôt il courait follement à grands sauts de derrière blanc, tantôt il faisait le gros dos, il marchait en crabe le poil hirsute, tantôt il avançait en une coulée silencieuse, avec des gestes d'huile, et d'un éclair de sa patte précise il immobilisait un insecte. Soudain en pleine activité, le sommeil le terrassait.

Quand il s'éveillait, ouvrait sur le monde ses yeux originels, il étirait ses longues pattes blanches, se renversait d'un côté, de l'autre, bâillait jusqu'à l'arrière-gorge, et l'on était saisi, étreint par l'incroyable harmonie de ses gestes, qui se déplaçaient en vagues successives, comme les arsis et les thesis d'un chant grégorien. Parfois à l'heure de midi, il s'allongeait sur la pelouse, dos gris, ventre blanc miroitant au soleil, et je voyais près de ma joue sa patte fulgurante s'abandonner totalement relaxée.

Le temps passa, il eut un an. C'était alors un chat de gente allure. Menton dressé, la queue haute, dos souple et le jeu silencieux de ses pattes gantées de blanc, il était si élégant, si patricien qu'on le surnomma affectueusement : « le roi Miquet ». Indépendance et respect mutuel fondaient nos rapports. Il menait par exemple dans les prairies et sur les toits du voisinage une vie nocturne dont nous ne savions rien, et nous n'osâmes jamais l'interroger sur ce point. Au cours de la journée nous avions de doux compagnonnages. La plupart du temps, il est vrai, il dormait. Quand d'aventure il s'installait au salon dans mon fauteuil de prédilection et que je réclamais ma place, il posait sur mon épaule sa patte blanche, caressait ma joue avec délicatesse, nichait un instant sa tête dans mon cou, et après cette courte saison de tendresse, il s'en allait. Nous nous aimions avec pudeur.

En décembre, il prit l'habitude de venir dans le bureau où je pratiquais mes travaux d'écriture :

> « Je souhaite dans ma maison
> Une femme ayant sa raison
> Un chat circulant parmi les livres... » [1]

Il inspectait mon bureau, traversait ma table sans froisser une feuille, sans déplacer un trombone, ni faire choir un manuscrit en fragile équilibre. Il passait comme une brise sans déranger mes pensées. Ensuite il prenait place dans le fauteuil vis-à-vis. Il s'installait avec une certaine solennité, ramenait d'un geste ample et digne sa queue contre son flanc, comme il l'eût fait d'une traîne royale, et en silence il me fixait.

1. Apollinaire, « Le Bestiavie ».

Et des parcelles d'or, ainsi qu'un sable fin,
Étoilent vaguement leurs prunelles mystiques[1]...

Je travaillais penché sur ma table, et je le regardais distraitement. Mais parfois au carrefour d'un paragraphe, au détour d'une idée, à l'instant hésitant où éclôt une image, je le « voyais ». Ses yeux verts insondables habitaient des mondes inconnus où je n'avais pas accès, ils m'interrogeaient sur mon destin d'homme, me renvoyaient à mon propre mystère.

Ce court portrait de Miquet dessine en filigrane les aptitudes qui font du chat un MODÈLE NATUREL, un GUIDE sur le chemin de la relaxation. Exemple parfait d'équilibre entre la vivacité et la détente, il allie la souplesse, la grâce des attitudes, et le geste efficace. Le chat est HARMONIE. Intégré à sa famille humaine, il survit s'il le faut en milieu sauvage. Patient infiniment, vigilant, il alterne ardeur et calme, violence et douceur selon le temps et la nécessité, indépendant, il a le goût inné de la liberté, il possède maîtrise de soi, dignité et la vertu bienfaisante du silence. Sa présence à nos côtés, comme l'ont démontré des études américaines récentes, abaisse la tension artérielle et diminue le stress. On l'utilise depuis plusieurs années avec succès à l'hôpital psychiatrique de Villejuif. Dans certaines écoles on l'emploie à rassurer et socialiser les enfants en difficulté, il contribue au progrès des handicapés mentaux. Il facilite la vie dans les prisons, en calmant l'agressivité des détenus. Il adoucit et prolonge parfois l'existence des personnes âgées. On avance actuellement l'hypothèse de son influence dans la guérison des maladies coronariennes...

1. Charles Baudelaire, « Les chats », *Les Fleurs du mal.*

Mais le chat porteur de mystère est aussi un éveilleur, un enchanteur. A toutes les époques il a suscité les fantasmes des hommes. S'il fut honoré et presque divinisé par les Égyptiens, diabolisé au Moyen Age, tour à tour adoré, statufié, pendu, brûlé, écorché, c'est qu'il nous atteint au plus profond de nous-mêmes. Chat réel, chat symbole, chat rêvé des écrivains, des poètes, chat sphinx qui semble nous poser l'énigme de l'homme, il a inspiré ces dix-huit relaxations. J'ai aménagé la part du jeu, du sourire, sans laquelle il n'existe pas d'ouvrage sérieux. Mais aucun animal mieux que lui ne pouvait guider notre intuition, nous éclairer sur le chemin de notre vérité intime.

FACE AU QUOTIDIEN

« Platon, en sa peinture de l'aage doré de Saturne, compte entre les principaux advantages de l'homme de lors [de cette époque], la communication, qu'il avoit avec les bestes, desquelles, s'enquerant et s'instruisant, il sçavait les vrayes differences de chacune d'icelles ; par où il acquerait une très parfaite intelligence et prudence, et en conduisait de bien loing, plus heureusement sa vie, que nous ne sçaurions faire. »

Montaigne, *Les Essais*, éd. de 1580,
Livre II, chap. XII.

Une promenade vagabonde nous entraînera au hasard de nos rencontres : de l'éveil au sommeil, à la cuisine, au bureau, dans l'atelier d'un voisin, chez le dentiste, ou dans les bois... Nous réfléchirons à la façon dont nous nous adaptons. La fantaisie, l'humour, la tendresse et même la poésie ne sont pas ici des accessoires, des fioritures inutiles. Ils habillent de velours la netteté des exercices.

La relaxation au quotidien est un apprentissage, qui s'accommode mal de la raideur, et du magistère dogmatique. Il y faut de la patience, une lente imprégnation. L'eau s'infiltre et creuse le roc, là où le fer plie et l'épée se brise. L'attitude juste, ce délicat équilibre, ne s'apprend pas dans les livres implacables. Pourquoi ne pas se glisser dans la boutique à l'enseigne du chat ?

LA RELAXATION DU SOMMEIL

Comme tous les chats, Miquet est un champion du sommeil, un fantastique dormeur. Il y consacre les deux tiers de sa vie. Ce matin à cinq heures, il a frappé aux volets, il rentrait d'une équipée sauvage, qui a duré trois jours. Il a mangé, il dort. Je le contemple roulé en boule dans le fauteuil. Je vois frémir ses vibrisses, de brefs tressaillements agitent ses pattes. Il rêve plongé au creux du sommeil en phase paradoxale. Il dort de tout son être, il dort absolument. Je songe à ce qu'écrit Colette dans *La Paix chez les bêtes* :

> Je suis le matou. Je me bats comme je mange, avec un appétit méthodique. C'est le matin que je rentre chez vous... Je ne veux que dormir, dormir, dormir... dormir n'importe où, tombé comme un chemineau, dormir inerte, grumeleux de terre, hérissé de brindilles et de feuilles sèches. Je dors, je dors[1]...

Nostalgie des insomniaques, modèle incomparable, le Matou peut-il quelque chose pour le sommeil des hommes ? Sa présence seule est déjà un apaisement. RELAXANT NATUREL, le chat favorise l'endormissement ; je vis souvent ma grand-mère dodeliner de la tête, et s'assoupir, Minet dans son giron. Hélas les grand-mères d'autrefois sont une espèce en voie de

1. Colette, *La Paix chez les bêtes*, Fayard, 1984.

disparition. On en dénombre bien encore quelques-unes, qui tricotent au coin de l'âtre, on devrait les protéger comme les derniers Gypaètes dans les Pyrénées ! Sourire mis à part, la leçon du chat : sommeil profond, éveil prompt, nous serait aujourd'hui fort utile. En effet, beaucoup de nos contemporains dorment mal. Hypnos leur fait la grimace, et pour fléchir le Dieu au flambeau renversé, ils se droguent. En France nous détenons déjà le ruban bleu de la consommation d'anxiolytiques, et les hypnotiques, si j'ose dire, suivent allégrement leurs traces. Bien que nous soyons friands de records, il n'est peut-être pas indispensable que nous battions celui-là ! Mais que faire ? Comment dormir sans drogues, quand nous sommes perturbés, angoissés ?

La sagesse en un premier temps est de ne rien exclure, ne rien dédaigner. Hors la présence bienfaisante d'un chat, il existe d'autres recettes, qui ont fait leurs preuves au long des siècles. Citons par exemple les berceuses : « Dors mon p'tit Quinquin, si tu dors point jusqu'à demain, tu m'feras du chagrin », ou la naïve chanson de Colin : « Fais dodo Colin mon p'tit frère, fais dodo, t'auras du gâteau, etc. » La difficulté de cette thérapie, surtout quand on atteint l'âge adulte, est de dénicher une personne de bonne volonté, pour venir au pied de notre lit nous fredonner ces tendres antiennes. Je plaisante, et pourtant il faut pour bien dormir retrouver ce climat de quiétude, de sécurité, de tendresse, qui faisait glisser au sommeil nos enfances.

EXERCICE

Vous vous installez agréablement dans votre lit. A plat dos, les jambes ne se touchent pas, les pieds en rotation vers l'extérieur. Les bras sont légèrement écartés, les paumes tournées vers le haut. Cette position est inconfortable ? Adoptez alors votre posture d'endormissement favorite. Ne vous culpabilisez pas, ne soyez pas formaliste à l'excès. Le but de l'exercice est de vous faire glisser au sommeil, et la priorité absolue est de vous aimer vous-même, de vous traiter comme le ferait une maman idéale, attentive et chaleureuse.

1. Induction verbale

Vous prononcez mentalement :

Je suis calme...
Je suis tout à fait calme...
Je suis de plus en plus calme...

Laissez les mots pénétrer en vous. Répétez-les plusieurs fois, ils feront ensuite leur chemin tout seuls dans votre inconscient.

2. Visualisation

Vous vous représentez mentalement un paysage que vous aimez. Le choix demande un peu de discernement. Une anecdote éclairera ce propos :

Pendant ces dernières vacances j'eus un soir des difficultés à m'endormir. Je décidai d'avoir recours à la « visualisation ». Nous demeurions dans un village pittoresque, étourdiment je choisis le plus beau panorama, celui d'où l'on aperçoit les sept clochers des villages environnants. Je m'installe en pensée sur la colline, et je contemple les bois, les champs à perte de vue... mais où sont les clochers ? Je commence à les compter : un, deux, trois, etc., impossible de repérer le septième !! Je recommence : un, deux, trois... je n'en vois que six ! Je m'obstine, je m'énerve... Adieu sommeil ! Le paysage que vous choisissez doit être connu, ne susciter ni émotion excessive, ni interrogation intempestive, il doit vous baigner de paix.

3. Tour du propriétaire

Passez en revue votre corps, tel un propriétaire qui effectue sa dernière ronde avant de se retirer pour la nuit. Éclairez de votre conscience : les orteils, les chevilles, les mollets, les genoux dessus, dessous, les cuisses, les hanches. Faites le tour de votre bassin, relaxez l'abdomen, l'estomac, la poitrine jusqu'à la gorge, redescendez dans les reins, remontez le long de la colonne vertébrale, les lombaires, les dorsales, les cervicales. Passez au visage, caressez le dessous du menton si sensible, la mâchoire inférieure, la bouche, les joues, les yeux, les paupières, les tempes, lissez le front. Imaginez qu'un vent léger et frais nettoie votre cerveau. Enfin prenez conscience de vos mains, de vos poignets, de vos avant-bras, de vos coudes, de vos bras jusqu'aux épaules.

Confiez votre corps à la VIE. La journée est finie, vous avez dénoué votre ceinture, et laissé vos sandales. Tout va bien, repos jusqu'à demain.

4. Expiration passive

Si vous ne dormez pas encore, terminez par l'expiration passive. Inspirez normalement, expirez (par le nez) en imaginant que vous vous dégonflez lentement, doucement comme un pneu de bicyclette percé d'un petit trou minuscule. Accompagnez chaque expiration d'une sensation de pesanteur dans les membres, les reins, la nuque. Laissez-vous allez, laissez-vous aller... laissez-vous dormir.

« Dormir c'est se désintéresser. » C'est laisser venir les soucis, les problèmes, les questions sans réponse, et laissez partir comme fumée. « Tomorrow is another day », disait Scarlett O'Hara, demain est un autre jour. Regardez votre chat, il dort paisible, et semble lui aussi vous murmurer : « Dors, laisse demain s'occuper de demain... »

L'ÉVEIL PARALLÈLE

> Bunit ouvre la bouche et bâille. Marie-Laure aperçoit l'intérieur de sa bouche rose saumon, ses crocs de porcelaine, sa langue râpeuse qu'il replie d'une manière comique. L'animal allonge les pattes, sort ses griffes et se lève. Il secoue la tête et fait quelques pas souples, élégants. Il est chat, donc libre.
>
> Gilbert Bordes [1], *Le Chat derrière la vitre.*

M. Martin se réveille angoissé, il sent un poids lui étouffer le cœur, là au milieu de sa poitrine juste au-dessus de l'appendice xiphoïde. M. Martin ne sait pas ce qu'il a. Comme chacun il vit des petits matins difficiles, il ouvre les yeux sur sa condition d'homme. Il réapprend le chagrin.

Alors avec précaution et tendresse, il se penche sur la fleur close de son cœur, le « chakra » du plexus cardiaque « Anahata-chakra », que les sages yogis figuraient en lotus doré aux douze pétales, le chakra lié au souffle. Pour l'éveiller, il faut doucement respirer. Il ne brusque rien, il observe l'inspir et l'expir. Un étau lui bloque le mouvement d'aller et retour. Il prend patience. Il ne fait rien, il observe avec lucidité et bienveillance : il inspire, il expire, comme il peut, sous l'enclume

1. Gilbert Bordes, *Le Chat derrière la vitre*, Éd. de l'Archipel, 1994.

des muscles noués. Il ne fait rien ; il tient. A la volée des pensées exaspérées le traversent :

– Mais c'est absurde, tu dois t'occuper de cette affaire urgente ! On t'attend !

Il ramène avec fermeté ses pensées à un seul sujet : inspire, expire... inspire, expire doucement. Il tient attachés ensemble, comme le prescrit le maître Patanjali[1], « tous les agents de l'esprit ».

– Je n'en puis plus !

– Calme-toi mon esprit, et toi mon corps, tu sais bien que je t'aime et ne veux que ton bien.

Cahin-caha, *piano, ostinato*, il inspire, il expire, inspire, expire... Alors la fleur palpite léger, léger, ses pétales s'entrouvrent, la corolle peu à peu s'épanouit, renaît la joie, la paix, la vie. M. Martin, comme Bunit, bâille à s'en décrocher la mâchoire, il étire ses bras, ses jambes, pointe ses orteils, grimace, tire sur sa tignasse, il ouvre sur le monde des yeux désembués. Il est homme, réconcilié avec son corps, il est libre.

1. Patanjali : sage indien, auteur présumé des « sûtras » sur le yoga, IVe siècle de notre ère.

RELAXATION POUR LES JOURS DIFFICILES

Siloé était une chatte siamoise ancienne manière. A l'époque la race n'offrait pas le spectacle du « sphinx nu » qui est à la mode aujourd'hui. Habillée de poil angora ton caramel, c'était une bête magnifique, et l'on ne se lassait pas de voir dans ses yeux bleus étincelant au soleil, danser des lueurs de cristal. Nous l'aimions bien sans trop le manifester, car elle était farouche, presque sauvage, et détestait qu'on la caressât. Elle nous visitait à l'heure des repas, disparaissait des journées, des nuits entières dans les bois environnants. Elle venait parfois dormir sur le pouf, qui lui était réservé au salon. Nous vivions somme toute en bonne intelligence. Heureux de sa présence, et du régal qu'offrait sa beauté.

Or un matin elle arriva, changée. Elle s'avançait à petits pas, comme une vieille portant son fagot. Elle s'installa sur son pouf, et assise nous fixa avec intensité. Qu'avait-elle ? Nous songeâmes à la toucher, l'examiner, mais un coup de griffe sévère nous rappela à l'ordre. Bref, accoutumés à ses humeurs bizarres, nous la laissâmes. Le soir elle n'avait pas bougé. Tassée sur elle-même, elle respirait à petits coups difficiles et réguliers. On voyait bien qu'elle luttait en silence contre un ennemi invisible. Lequel ? Elle ne portait aucune blessure apparente, elle ne gémissait pas, ses yeux bleus un peu plus pâles qu'à l'ordinaire étaient nets. On appela un vétérinaire. Il passa le lendemain seulement, en fin de soirée. Elle n'avait pas bougé, ni mangé, elle luttait toujours à petits coups d'inspirs et d'expirs contre un mal mystérieux. Le vétérinaire après quelques tâtonnements repéra, dissimulé dans son épaisse fourrure, un fil d'acier qui lentement l'étranglait. Il la délivra, elle s'en alla avec dignité de son allure coulée sans un regard.

– Elle a été prise dans un collet ! s'exclama le Dr Dubois, et elle a résisté deux jours avec cela autour du cou, c'est extraordinaire, elle devrait être morte !

Mystérieuse, indifférente Siloé, quelle leçon tu nous as donnée : patience, maîtrise de soi, terrible volonté, tandis qu'à petits coups de diaphragme : inspir, expir, inspir, expir... ménagés, réguliers, tu survivais pendant les jours mauvais.

* *
*

Les petits matins chagrins M. Dupont sort de son lit, les cheveux emmêlés, la bouche amère, il traîne jusqu'à la fenêtre ses savates paresseuses. Il aperçoit le ciel gris, la pluie uniforme, obstinée, qui noie les jardins et les toits. Alors pénétré d'une angoisse vague, il se demande pour quoi, pour qui il vit. Il lui faut se réconcilier avec lui-même, puiser quelque part le courage d'affronter le monde, les autres, la pluie. Je propose une relaxation, qui vous aidera à « tenir » comme Siloé, pendant les jours difficiles.

EXERCICE
La respiration diaphragmatique

1. Qu'est-ce que le diaphragme ?

Un mot d'explication est ici indispensable. Le diaphragme est en effet un muscle mal connu, mal aimé. Pourtant c'est un muscle[1] magnifique, le plus puissant du corps. Situé à un endroit stratégique, il joue un rôle capital dans le grand concert physiologique. Vous le repérez en posant les doigts sur votre appendice xiphoïde, cette crête d'os au milieu et à la base du sternum.

Imaginez ce muscle en activité. On dirait un oiseau battant doucement des ailes. Dix-huit fois par minute avec une amplitude de huit centimètres environ chez les hommes, six centimètres chez les femmes, les ailes s'élèvent et s'abaissent. A chaque inspiration les viscères : le foie, la vésicule biliaire, l'estomac, le pancréas, le côlon, la rate... sont pressés comme des éponges. Le diaphragme repoussé par l'air qui entre dans les poumons active la circulation veineuse, élimine les stases sanguines, masse le plexus solaire, ce centre d'aiguillage de tout le système neurovégétatif. A chaque expiration l'air qui s'échappe des poumons laisse le diaphragme remonter. Le cœur posé juste sur son aile gauche est délicieusement bercé.

Un diaphragme efficace est une bénédiction. L'organisme est revivifié, l'anxiété s'envole et la mélancolie. Mais trop souvent ce muscle est presque inerte. Une respiration chiche ou inadéquate le maintient en quasi-pénitence. Ses ailes palpitent sur un ou deux centimètres, et l'on s'étonne d'avoir des petits matins chagrins...

1. Le diaphragme est un muscle large et mince qui sépare le thorax de l'abdomen.

2. Comment libérer le diaphragme

Comment libérer le diaphragme, retrouver le violoncelle de ses mouvements rythmés, puissants et doux ? La réponse est simple, et pour cette raison difficile. Il convient de FAIRE ATTENTION ! Dans un conte zen le maître illustre Kakua, sur le point de mourir réunit ses disciples. Je vais vous révéler, leur dit-il, les trois secrets qui permettent d'accéder au « satori »[1] : Faire attention, Faire attention et Faire ATTENTION !

Installez-vous à plat sur le dos[2], desserrez votre ceinture, veillez à ce que l'on ne vous dérange pas quelques minutes. Fermez les yeux. Disposez vos mains sur le ventre de façon que les majeurs soient vis-à-vis et se frôlent par la pulpe, à une distance de quatre doigts en largeur au-dessus de l'ombilic. Écartez les coudes. Inspirez profondément et suivez par la pensée l'air qui pénètre dans les narines, glisse dans la gorge le long de la trachée-artère, envahit les poumons en jouant (modérément) de l'accordéon des côtes, vient buter enfin contre la paroi du diaphragme. A ce moment se situe le passage délicat. Au lieu de creuser le ventre, gonflez-le afin que joue l'élasticité du diaphragme. Soyez attentif ! Sur l'inspiration le ventre s'élève alors que le diaphragme descend, sur l'expiration le ventre se creuse, le diaphragme remonte. Inspirez, expirez, inspirez, expirez... les mains posées légères suivent le mouvement, et vous aident à bien en prendre conscience. Après deux ou trois minutes, survient quelquefois une impression de vertige, qui cesse dès que vous interrompez l'exercice. Relaxez-vous un instant. Relevez-vous

1. Satori : éveil intérieur (zen).
2. Une fois maîtrisée, la relaxation diaphragmatique peut se pratiquer, assis ou debout.

sans hâte. Vous êtes apaisé et rafraîchi, vous avez mis du soleil dans vos petits matins gris, du soleil dans vos jours de pluie.

Je ne veux pas conclure cette « leçon » de physiologie respiratoire sans ajouter un dernier grain de Sagesse. Respirer n'est pas un acte ordinaire. Nous naissons sur une inspiration et mourons sur un ultime « expir ». Le souffle est la chanson familière, qui mesure nos saisons du temps, nous rend proches et fraternels de tout ce qui vit et respire sur cette terre.

LA MIMIQUE

Les jeux de physionomie : regard, oreilles, babines, moustaches... la mimique du chat est l'une des plus claires qui soit. En signe de bienveillance par exemple Miquet ferme à demi les yeux, les cligne aimablement, il pointe en avant les oreilles, rapproche ses vibrisses, ce qui donne à sa bouche un air satisfait. Furieux, il ouvre grands les yeux, rétrécit ou dilate brusquement les pupilles, tourne ses oreilles en arrière, écarte les moustaches en découvrant les crocs. Entre les deux le chat dispose d'une gamme de nuances. Anatole France observe l'effet que produit le ton de sa voix sur son chat : « Le commencement de ce discours plut à Hamilcar... Mais ma voix s'étant élevée, Hamilcar m'avertit en abaissant les oreilles, et en plissant la peau zébrée de son front, qu'il était malséant de déclamer ainsi [1]. » Et Pierre Loti lit dans les yeux de la Moumoutte chinoise une véritable déclaration d'amitié : « Et puis ses yeux devinrent plus expressifs encore... me disant très clairement : "Si nous nous donnions l'un à l'autre un peu de cette chose douce... qui s'appelle affection [2]." »

Imagination de romanciers ? Mais la face du chat s'y prête, ce petit visage-miroir, qui reflète si bien les états d'âme. En

1. Anatole France, *Le Crime de Sylvestre Bonnard*, 1881.
2. Pierre Loti, *Le Livre de la pitié et de la mort*, 1891.

contemplant le masque du chat nous devenons plus attentifs au nôtre. La relation émotion-expression est chez nous interface. Si notre mimique nous révèle, nous pouvons aussi changer d'âme en changeant de masque, et nous apaiser en mimant la sérénité.

EXERCICE

Une relaxation méthodique des mâchoires, des tempes, du front, du nez, des joues permet d'apaiser le mental, de dissiper le stress, de gérer avec calme les disputes conjugales, les pneus qui éclatent, les robinets qui fuient, les crottes de chien, et *tutti quanti*...

1. Les mâchoires

La contraction des mâchoires symbolise la détermination, l'agressivité du héros de bande dessinée. Cette attitude maintenue est épuisante et absurde. Les adolescents y cherchent une confirmation de leur virilité, et les adultes camouflent ainsi leur faiblesse et leur anxiété. Mais ni la fermeté véritable, ni le courage ne réclament ces signaux puérils. Je songe à une anecdote, où je joue un rôle piteux, qui illustre assez bien ce propos :

A dix-sept ans j'arborais un visage fermé et dur, le regard fixe, les mâchoires soudées, et je donnais des poignées de main en serrant les doigts à les briser. Un après-midi de printemps, je m'avançai ainsi sur le grand boulevard d'Angers. Il faisait beau, et les grappes de consommateurs nonchalants fleurissaient aux terrasses des cafés. Je marchais, le torse bombé, le regard sur la ligne d'horizon, les maxillaires farouches. Je m'imaginais en héros implacable et terrifiant, quand je cueillis au vol une réflexion que lançait sur mon passage une jeune fille accorte et distinguée :

– Dis, Chantal, regarde ce garçon, il a avalé son parapluie !

– Et la poignée lui est restée dans les dents !

J'hésitais entre la colère et le rire. J'étais jeune, le rire l'emporta, je poursuivis mon chemin en direction du jardin des Plantes, dégonflé et guéri de mes vanités mandibulaires.

Détendez vos mâchoires. Les dents s'effleurent sans se toucher. Caressez en pensée l'angle osseux de la mâchoire inférieure, remontez patiemment le long de l'arête maxillaire jusqu'à l'articulation de la mâchoire supérieure à la limite des tempes. Recommencez lentement en ayant soin de respecter exactement la symétrie. L'exercice ne présente aucune difficulté technique. L'attention importe et suffit.

2. Les tempes

Cette région anatomique traîne dans son sillage comme un parfum de distinction. Jusqu'au siècle de Louis XIV on disait les « temples ». Ces méplats situés entre le coin des yeux et le haut des oreilles doivent être traités, comme il se doit, avec déférence... Balayez symétriquement la tempe droite et la tempe gauche en partant de l'oreille. Recommencez plusieurs fois. Essayez de percevoir le battement du sang dans les artères temporales. Si vous n'y parvenez pas la première fois, ne vous impatientez pas, et rêvez aux céphalées que vous adoucirez...

3. Le front

Le siège électif des rides : les transverses, qui soulignent l'étonnement, l'interrogation, les verticales creusées par nos soucis quotidiens, nos angoisses, moraines que la vie nous a laissées. Représentez-vous deux mains fraîches et légères comme des ailes de papillon. Elles partent des tempes et se rejoignent juste au milieu du front en une caresse délicieuse et lente. Après deux ou trois passages votre front est relaxé.

4. Le nez

Adolescent, je n'aimais pas mon nez, pointu et insolent. Une année, je crois que j'étais en seconde, il me vint une engelure sur son extrémité. L'horreur !! Une sorte de verrue jaune et purulente. Nul ne me croisait sans m'interroger : « Qu'avez-vous donc au bout du nez ? » Je développai alors une exaspération cyranesque sans le panache hélas, ni le poème. Un matin en cours de grec, le professeur, ma copie à la main, m'interpella :

– Henri, ton devoir n'est pas mauvais, néanmoins...

J'entendis « nez en moins », je devins écarlate et furieux. J'imaginais les regards moqueurs de mes petits camarades, et je quittai brusquement la classe. Il y a cinquante ans, on ne badinait pas avec la discipline ! Je frôlai le renvoi, et je subis un dimanche entier de colle, seul et morose, dans l'unique compagnie de mon abominable appendice. L'anecdote prête à rire, mais comme la fable elle recèle une morale. Qu'il soit grec, camus, en bec d'aigle ou en trompette, acceptez votre nez, aimez-le de la racine jusqu'aux ailes.

Effleurez par la pensée l'arête du nez depuis la base au-dessous des sourcils jusqu'à son extrémité. Attardez-vous sur les narines, elles constituent la seule partie mobile. Écartez-les, observez le jeu des muscles, recommencez plusieurs fois. Détendez.

5. Les joues

Un ami, joueur de poker, me disait un jour : « On se méfie de la bouche, du menton, de l'œil, mais l'on ne prête pas assez d'attention aux joues : moi ce sont elles que je guette, et le moindre frémissement m'éclaire sur le jeu de mon adversaire ! » Détendez vos joues ; qu'elles soient sans expression, inertes. Commencez par le haut juste sous les yeux, descendez lentement jusqu'à l'arête du maxillaire inférieur. Respectez scrupuleusement la symétrie. Vos joues sont des plages de sable lisse.

Nous avons dessiné de la mâchoire au front, en passant par les tempes, les joues, le nez, les hauts lieux du visage. Ossature et cartilage, voici notre masque d'éternité.

DU BON USAGE DE LA PATTE

Philette, ma chatte siamoise, possède le don de la parole. C'est son charisme, chacun le sien, affirment les Saintes Écritures... Ce matin elle observe les cabrioles de Patapouf, son dernier rejeton.

– Il est en forme, il joue bien, dis-je aimablement.

– Il apprend son métier, fait-elle un peu sèchement.

En ce moment Patapouf, une patte en cuiller, balaie d'un geste vif et précis le dessous du living.

– Récupération d'une proie en fuite, commente-t-elle sobrement.

Maintenant Patapouf bondit en l'air et se livre à une étrange et gracieuse pantomime, au milieu du tapis du salon.

– Capture d'un oiseau à l'instant de l'envol, m'explique Philette, les deux pattes antérieures se rejoignent en un large mouvement circulaire, les griffes sont en extension maximale, les ergots pliés à angle droit, le geste doit être exactement calculé.

– Intéressant, dis-je un peu sceptique, mais c'est encore un bébé, tu ne crois pas qu'il joue simplement ?

– Nos jeux sont très sérieux ! réplique-t-elle avec un peu d'irritation. Nos pattes affûtées, habiles, exercées sont la condition de notre survie. Elles sont à la fois nos outils et nos mains, comprends-tu ?

– Écoute, tu es bien nourrie ici, tu ne manques de rien !

Philette me regarde en face, ses pupilles étroites, verticales, se dilatent légèrement, signe de malice.

– On ne sait jamais, dit-elle, tu pourrais un jour me déplaire...

Je souris. Mais tandis qu'elle rejoint Patapouf et le bascule cul blanc par-dessus tête en une roulade maternelle, je réfléchis à ses paroles. La nature nous a dotés de mains admirables, en apprécions-nous tout le prix ?

Je médite encore en sortant faire mes emplettes quotidiennes. Ce matin de février est glacé. Je marche, bien emmitouflé, sans regarder devant moi, et je me heurte dans la rue du village à Étienne, un ancien ouvrier féru de modélisme. Nous nous connaissons bien, c'est un brave homme, sympathique, un peu trop convivial peut-être...

– Venez admirer ma dernière « bricole » ! me lance-t-il avec jovialité.

Je le suis en maugréant, le nez dans mon manteau. Il ouvre la porte du hangar mal chauffé qui lui sert d'atelier. Dès le seuil ma curiosité est éveillée, au fond de la pièce trône sur une sorte d'établi un superbe voilier équilibré et racé. En m'approchant je distingue la finesse extraordinaire des détails ; les mâts, les voiles, le gouvernail, l'étambot, la quille, les hublots, tout est parfait...

– Il y a même les canons ! dis-je stupéfait.

– Oui, quarante canons, précise Étienne, j'ai copié le modèle !

Il me désigne une gravure un peu craquelée, fixée au mur. Je lis la légende : « Frégate trois mâts, XVIIIe siècle ».

– Mais comment avez-vous pu réaliser un tel travail ?

Sous la casquette usée qu'il n'ôte jamais, les petits yeux d'Étienne me fixent :

– Avec ces mains-là... dit-il.

Je contemple ses mains, avers, revers, des mains calleuses aux ongles cassés, du poil noir follette sur le dos, et grisonne au poignet, des mains humbles et magnifiques... des MAINS D'HOMME !

Une main d'homme est un miracle. A la base près du poignet : les huit os du carpe, au-dessus les cinq métacarpiens, et les phalanges, trois pour les doigts longs, deux pour les pouces ; ce squelette est animé, tel Guignol au bout de ses ficelles, par un entrelacs de nerfs, de tendons et de muscles : les interosseux, les dorsaux, et les lombricaux, les palmaires et les fléchisseurs, les abducteurs du pouce et de l'auriculaire, etc... Cette mécanique de haute précision est en liaison intime avec notre cerveau. Il le faut bien. Nos mains, qu'elles agrippent ou qu'elles caressent, obéissent à notre loi. Mais elles révèlent aussi, à notre insu, notre moi caché et profond : elles se nouent en poings et s'ouvrent en corolles, elles tremblent, s'animent, palpitent, chantent ou se taisent avec tous les nuages et les soleils qui jouent de notre âme. Les mains disent tout de nous, elles en savent plus que nous, sur nous. La graphologie à bon droit y puise ses sources. La relaxation y découvre un terrain privilégié. Prendre conscience de nos mains, les détendre, nous procure de bienfaisants « accoisements », comme disaient si bien les anciens, nous apporte la sérénité.

EXERCICE

1. Prenez conscience de vos mains

REGARDEZ VOS MAINS ! Qu'elles soient étroites ou grassouillettes, rondes, carrées, fines, épaisses, solides, fragiles, moites ou sèches, de forme grecque ou égyptienne, les ongles en spatule ou bombés, qu'elles soient brunes, rouges, noires, jaunes, blanches, regardez-les avec respect et amitié, parlez-leur...

« Ô, vous, mes mains ! Infatigables servantes, toujours dociles et présentes, vous, mes outils proches et familiers, que serais-je sans vous ? » « L'homme est la mesure de toute chose », affirmait cinq siècles avant notre ère le rhéteur grec Protagoras, l'on pourrait ajouter : « La main est la mesure de l'homme. » Tous nos objets, nos statues, nos tableaux, nos maisons, nos palais, nos robots, nos ordinateurs, nos fusées sont votre œuvre. Sans vous mon esprit s'égare, et si vous ne faites ce qu'il rêve, il se disperse en vaines fumées...

Je vois des lecteurs qui se tapotent le menton et se gaussent de moi en tapinois. Ils jugent saugrenu pareil dithyrambe. Bien. Je n'insisterai pas, je prendrai une autre voie. Je leur dirai, *mezzo voce* : « Regardez vos mains, je vous en prie, regardez-les ! » « Faites-moi au moins l'aumône d'un regard », disait ce bon M. Vincent aux riches bourgeoises qui le dédaignaient. Regardez vos mains ! Cette prise de conscience est le premier pas essentiel, et si je pris les habits de clown, je n'eus d'autre but que de vous en persuader, de vous y mener (par la main, bien entendu...).

2. Apprivoisez-les

Cette opération comporte quatre phases, que je m'efforcerai de décrire avec le plus de clarté et de la façon la moins ennuyeuse possible. Soyez attentifs, ou je vous chante pouilles !

A. Secouez

Avez-vous, par hasard, observé un chat qui vient de tremper sa patte dans une écuelle d'eau froide ? Il la secoue aussitôt avec énergie... et grâce (pour la grâce faites de votre mieux), je plaisante, mais saviez-vous que le chat est un artiste de la relaxation ? La souplesse économe de ses gestes, sa musculature totalement abandonnée, à l'instant requise, sa paresse habitée d'étincelles... Imitez le chat ! Secouez vos mains aussi bien que lui sa patte.

B. Tirez

Tirez maintenant sur vos doigts. Voici comment procéder : avec la main droite vous saisissez l'un après l'autre chaque doigt de la main gauche : le pouce, l'index, le majeur, l'annulaire, l'auriculaire, et vous les élongez.

C. Retournez

Entre le pouce et l'index de la main droite, vous prenez avec délicatesse et fermeté, l'auriculaire de la main gauche. Vous faites jouer l'articulation de la dernière phalange (phalangette), celle qui porte l'ongle, vous la poussez en arrière sans vous brutaliser, allez jusqu'à la « douleur exquise », disait mon maître de yoga. Vous passez ensuite à la deuxième phalange (phalangine), et enfin à la première phalange. Retournez votre doigt tout entier. De l'auriculaire au pouce renversez ainsi toutes vos phalanges (les pouces n'en comportent que deux), retournez vos doigts.

Entre le pouce et l'index de la main gauche, vous prenez avec délicatesse et fermeté l'auriculaire de la main droite, et vous recommencez le processus. Si vous n'êtes ni gaucher ni ambidextre, montrez-vous particulièrement attentif, et si j'ose dire, adroit.

D. Massez

Avec le pouce droit vous effleurez la paume de la main gauche, dessinez un cercle dans le sens des aiguilles d'une montre. Accentuez progressivement la pression, massez énergiquement, terminez en insistant sur la zone en général charnue située entre l'éminence thénar (au-dessus du pouce) et la base de l'index. Procédez de façon identique sur la paume de la main droite. Frottez ensuite vos mains l'une contre l'autre *piano, piano,* et *fortissimo*. Écartez vos mains, rapprochez-les, vous avez l'impression que l'espace entre elles se solidifie, soyez attentif aux vibrations. Joignez enfin vos mains devant la poitrine, ce « mudra » ou geste sacré selon les yogis, symbolise l'unité, favorise le rassemblement de toutes les énergies.

3. Relaxez vos mains

A plat sur le dos, installé dans la posture classique de « Shavâsana » (pose du cadavre), les pieds légèrement écartés les pointes tombant vers l'extérieur, les bras ne touchant pas le corps, les mains, paumes tournées vers le ciel, les doigts à demi repliés, la nuque sans contractures, les yeux fermés... Vous respirez lentement, régulièrement, profondément. Vous situez votre conscience dans vos mains. Vos mains, ces voltigeurs de pointe de l'organisme, sans cesse actives, industrieuses, affairées, vont enfin se reposer. Elles gisent au bout de vos bras comme des oiseaux endormis. Les fils sont coupés, les voici sans force, inertes. Si un quidam s'avisait de les soulever, elles retomberaient lourdement, comme des pierres. Cette sensation inusitée propose une entrée en relaxation générale, qui surprend l'organisme, et séduit parfois les plus rebelles.

* * *

Étienne est un esprit curieux. Je lui offre de tenter l'expérience d'une relaxation des mains. Je compose pour lui un exercice adapté. J'utilise d'autres mots, augmente la part de sourires et d'anecdotes. Je ne lui demande pas de s'allonger sur le sol, et j'opère en l'asseyant sur une chaise bancale, qui traîne dans un coin de l'atelier. Mais je ne transige pas sur le respect, l'amitié, plus exactement la volonté de bien faire (faire du bien), qui est la règle d'or de tout exercice de détente, sans laquelle il n'est rien qui vaille.

– Eh bien, quelle impression avez-vous ressenti ?

Étienne se tait. Je le presse :

– C'était agréable ?

– Bof ! dit-il.

Je m'apprête à le quitter, un peu vexé, quand il me déclare :

– Je crois que je vais m'attaquer à un vaisseau de ligne, un vaisseau de premier rang, le *Royal Louis* peut-être, trois ponts et cent dix canons !!

– Cent dix canons ?

Il plisse ses yeux malicieux, enfonce sa casquette sur le front et ajoute :

– Votre truc m'a ragaillardi les mains !

KARA, LE CHAT PÊCHEUR

Le travail bien fait est une relaxation

En ce temps-là nous habitions une maison au bord d'une rivière, et l'eau y était claire. Kara, notre siamois à queue courte, aux yeux bleus céruléens le savait, y guettait son dîner. Il s'installait dans une attitude nonchalante sur la berge au ras de l'eau. Pendant de longues minutes, une heure parfois, il restait ainsi, somnolent, vigilant, patient infiniment. Mais quand devant ses yeux mi-clos passait enfin dans le miroitement de l'eau le dos argenté d'une ablette naïve, d'une patte foudroyante il la saisissait sous le ventre, d'une chiquenaude précise il la projetait en un éclair par-dessus son épaule dans l'herbe du pré. Alors, d'un bond d'une souplesse inouïe, il se retournait, l'immobilisait et la croquait. Il faisait son métier de chat pêcheur, il le faisait admirablement. Mon père, qui parlait peu, me disait : « Henri, tu devrais imiter Kara. » Je haussais les épaules comme font les adolescents.

Ce souvenir me remonte à la gorge aujourd'hui. Dans le vieux grenier, je viens d'extirper d'une caisse crevée un document jauni. Je lis : « Brunel Henri, élève de rhétorique : 1er prix de composition française, de version latine, 2e prix d'allemand, etc. », et dans les observations générales, cette appréciation : « Aurait mérité le prix d'excellence s'il avait fait preuve d'un peu plus de diligence ! »

Mon bulletin à la main, je reste songeur. La date est illisible, 1943... peut-être, et la signature a disparu sous la dent d'une souris. Je revois un adolescent monté en graine, les jambes dégingandées, les bras en moulin à vent, enthousiaste, brouillon. Mais soigneux, diligent je ne l'étais guère ; tandis que je descends du grenier, ce qualificatif désuet trotte dans ma cervelle, creuse un chemin de souvenirs... « Ah ! si j'avais été diligent ! »

– Vous parlez tout seul ?

Mon voisin Albert m'interpelle par-dessus la haie du jardin. Son visage ridé me sourit avec malice au soleil du printemps.

– Je rêvais à ma jeunesse..., dis-je. Mais vous arrivez à point ; j'ai besoin de vos lumières.

Mon voisin Albert adore enseigner à l'ignare que je suis l'art de repiquer les tomates ou de marcotter un rosier. Il bombe moralement le torse :

– De quoi s'agit-il ?

– Je voudrais une recette de cuisine.

Albert me regarde étonné ; il sait que je ne suis pas un fin gourmet, et il ne m'a jamais surpris le nez dans mes casseroles.

– C'est pour mon livre..., dis-je, un peu embarrassé. Je songe à une recette très simple, qui réclamerait cependant beaucoup de soin, une extrême diligence. Voyez-vous, je me propose d'illustrer « une relaxation » fondée sur la réconciliation du corps et du mental. Quand on se consacre à une tâche précise, on rassemble autour d'une même visée les cris éparpillés de notre corps et de notre âme ! On aborde ainsi la sérénité !

Mon voisin Albert n'a pas écouté ma tirade. Il s'intéresse fort peu à mes discours, et encore moins à mes « écritures ». Il réfléchit le front plissé. Brusquement il s'écrie :

– *Le poulet rôti au citron !*

– C'est une recette simple ?

– Un bon poulet de l'année, un peu de farce, de la crème pour napper la bête et un citron, rien de plus simple !

– Et la préparation exige une certaine application ?

– Suivez-moi, je vais vous montrer cela tout de suite !

– Mais..., dis-je un peu déconcerté.

Il se dirige d'un pas décidé vers sa maison, tandis que je franchis à la hâte la clôture à moutons au fond du jardin, qui sépare nos deux potagers. Quand je parviens sur le seuil de la cuisine, il tient déjà à la main un poulet tout préparé, qu'il vient de sortir du réfrigérateur.

– Asseyez-vous là !

J'obtempère avec docilité. Je sens que je suis en présence d'un maître, et j'adopte l'attitude qui sied à un écolier consciencieux et admiratif. J'aime bien mon voisin Albert, malgré ses brusqueries péremptoires. Il est loyal, honnête et le vin de sa vigne, un pineau du Loir, aigrelet, innocent, lui ressemble.

Albert retrousse ses manches, se ceint les reins d'un tablier. Il installe le poulet sur le plan de travail :

– Vous avez là une bête de trois livres, un poulet de ferme, qui gambadait il y a encore deux jours dans la prairie de Meaulnes. Ma femme l'a vidé et préparé.

– Oui..., dis-je.

– Vous prenez un citron frais que vous coupez en deux. Vous frottez la peau du poulet sur toute sa surface avec l'une des moitiés. Essayez !

Je me lève avec circonspection, je saisis la moitié du citron et commence à caresser maladroitement la bête.

– N'ayez pas peur de frotter ! La peau doit être imprégnée et n'oubliez pas le croupion. Pendant ce temps je prépare la farce.

Du coin de l'œil j'observe Albert, qui se tait maintenant. Il est entré en prière cuisinière. Son visage est grave, ses gestes sont vifs et précis, oints de sacré. Il ajoute deux pincées de sel, une de poivre. Sur un regard du maître je m'écarte légèrement. Il introduit la farce avec précaution et adresse, il dispose le poulet dans un plat, sale et poivre encore, beurre largement et met enfin le tout dans le four.

– Voilà une recette bien exécutée, dis-je avec admiration.

Albert me regarde...

– Nous avons à peine commencé ! Ce qui n'est pas fait jusqu'au bout n'est pas fait, ajoute-t-il entre ses dents.

Mon voisin redit sans le savoir la maxime des Anciens : *Age quod agis* « Ce que tu fais, fais-le ». Fais-le bien. Mets dans chacun de tes actes et ton corps et ton intelligence et ton cœur, tu connaîtras ainsi l'harmonie et la paix.

Pendant une heure dans sa cuisine, sous le voile de nos propos anodins et légers, je le sentis vigilant. Régulièrement il se levait, vérifiait la cuisson en piquant la cuisse du poulet avec une fourchette, il le retournait avec soin pour qu'il soit doré de chaque côté. Quand il jugea la bête à point, il la sortit du four, la nappa de cuillerées de crème, et remit le plat dans le four éteint, afin, m'expliqua-t-il, d'achever l'imprégnation jusqu'à la succulence. Enfin il dressa le poulet dans le plat, se reculant et s'avançant tel Picasso jugeant sa toile. Il ajouta à la sauce la moitié de citron non utilisée, et il se tourna franchement vers moi :

– Servez la sauce à part, chauffez-la à feu doux.

Il me regardait, son visage était détendu, paisible. Je reconnus avec stupéfaction l'expression sereine de mes élèves de yoga après une séance de relaxation !

Je suis un indécrottable et vieil intellectuel, j'oublie facilement que, à l'égal de Janana-Yoga la voie de la pensée, Karma-Yoga la voie de l'action conduit à la plus haute sagesse et plus humblement à la paix. Bien faire ce que l'on fait, comme Kara le chat pêcheur, ou mon voisin Albert, nous réconcilie avec nous-mêmes, nous apporte l'équilibre. La vie est une étoffe à surprises, le chat est parfois un modèle, le cuisinier un sage, et le gourou une outre gonflée de vent. Soyons vigilants, guetteurs de bonheur, à l'écoute des sagesses quotidiennes, qui ne sont pas toujours où on les attend.

CHEZ LE DENTISTE

Le « zappeur » est un personnage qui se promène le nez insolent parmi les programmes de télé. C'est un vagabond, un cueilleur de mûres, comme l'on disait autrefois à la campagne, un velléitaire, un indécis, un individu à qui l'on ne peut se fier. Son activité dénommée « zapping », « zappage » ou « pitonnage » par nos cousins du Québec consiste à sauter constamment d'une chaîne à l'autre, à quitter à l'instant ce qui l'ennuie ou lui déplaît. Or mon intention est de vous « rabibocher » avec cet individu peu recommandable et d'utiliser le « zapping » comme méthode de relaxation ! Je vois des lecteurs qui font la grimace, non pas qu'ils contestent mon procédé, ce qui les choque c'est l'emploi que je fis du verbe « rabibocher ». Comment, s'écrient-ils, l'auteur avait à sa disposition des verbes convenables tels réconcilier, accorder ou, s'il voulait à tout prix être original, le délicieux et désuet « rapapillonner », pourquoi ce vulgaire, ce pataud « rabibocher » ? Je réponds en trois points ; j'en appelle d'abord à la grande Colette, qui disait de « rabibocher », c'est « un mot tendre et chaud comme du bon pain », ensuite...

– Cher auteur, de grâce, revenez à votre sujet ! Vous nous annoncez une relaxation chez le dentiste fondée sur le zapping ! La chose semble assez étrange pour que vous nous en parliez sans plus tarder. Nous ajoutons que trop souvent vous vous égarez, vous écrivez à l'étourdi. Un peu de sérieux, s'il vous plaît !

– Chers amis, vous ne saisissez pas la subtilité de ma démarche. Ce prologue qui vous parut léger, écrit « à la venvole », comme disent si bien nos cousins créoles, était une introduction calculée, préméditée. On ne peut traiter du « zapping » avec un accompagnement de grosse caisse. La relaxation que je propose requiert des esprits déliés et vifs. L'exercice consiste à « faire sauter la coupe » à l'anxiété, il y faut de la dextérité !

EXERCICE

J'ai choisi l'honorable profession de dentiste au hasard et parce qu'elle m'a laissé quelques « aimables » souvenirs... mais la relaxation peut être utilisée dans toutes les occasions similaires.

1. Préparatifs

Se tenir prêt à rire, et sourire, se faire dans la mesure du possible une âme ludique. Ralentissez par exemple vos gestes, cassez le rythme, prenez un verre ou le bol du déjeuner lentement, lentement, ou une chaise, etc.

Si vous rencontrez l'inévitable Mme Petitbois, je vous conseille ce dialogue farfelu :

– Mon pauvre monsieur, je vous plains ! Quand on m'a arraché la deuxième molaire, celle du bas, là, là, vous voyez ? j'ai souffert le martyre !

– Je souffre d'une molaire du haut, dites-vous machinalement.

– Une dent du haut, s'exclame Mme Petitbois, c'est ce qu'il y a de pire ! Mon neveu Lucien est resté deux heures sur le fauteuil, c'était affreux. Le dentiste en a cassé sa mèche de roulette !

– Dans la molaire ?

– Oui ! M. Deschamps, le pauvre, il est mort le mois dernier.

– Il n'a pas supporté le choc ?

Mme Petitbois vous jette un regard méfiant. Vous venez de quitter sur la pointe des pieds les chemins pervers de l'angoisse.

– C'était une molaire du haut, comme la vôtre, insiste-t-elle.

– Je vous remercie de m'avertir, cela mérite réflexion, je crois que je demanderai à mon dentiste de m'arracher plutôt une molaire du bas !

– Mais je croyais..., balbutie-t-elle.

Vous affichez un air d'innocence.

L'humour facilite une prise de distance, effrite et brésille les pensées anxiogènes. Il introduit dans le processus de l'angoisse un élément incongru et comique. Cela suffit la plupart du temps pour créer une ouverture, vous donne une chance de contrôler l'anxiété. Alors vient le temps du zapping.

2. Le zapping mental

Procédé qui consiste à substituer à un scénario catastrophe, aux images sombres, déprimantes, un scénario paisible, des images agréables, sereines. Reprenons l'exemple du dentiste.

A. Mise au jour des images mentales déprimantes

Vous faites remonter à la surface les images mentales plus ou moins occultées dans votre subconscient qui sont la braise de vos angoisses. Le dentiste est un maladroit qui va rater sa piqûre. Vous sentirez l'horrible arrachement de la dent sous le davier. Le sang coule à flots de votre bouche déchirée, etc.

B. Substitution

Il faut se montrer à la fois ferme et rapide. Vous imaginez nettement une scène toute différente. Le dentiste est adroit et précis, il vous sourit, vous parle d'un sujet qui vous intéresse, tout en pratiquant une injection qui vous insensibilise parfaitement. A peine le temps d'y penser, votre dent est arrachée. Vous vous représentez en train de le régler, d'échanger quelques mots aimables, une plaisanterie. Vous êtes dans la rue, humant l'air léger, il fait bon vivre, et votre bouche est à peine endolorie.

Nos pensées, nos images mentales surtout ont une singulière capacité idéo-motrice. Elles déclenchent les orages hormonaux, nerveux, musculaires et les apaisent. Elles sonnent le début et la fin de l'alerte. Nous sommes persuadés, de bonne foi, que ce sont les événements extérieurs qui nous perturbent, et sans doute ne sont-ils pas totalement innocents, mais ils ne peuvent rien sans notre accord. Il faut que le fleuve franchisse l'écluse du mental pour envahir notre plaine. Nous choisissons le climat dans lequel nous voulons vivre. Sacha Guitry disait : « Personne autour de moi, jamais, ne s'est rendu compte, à quel point j'aurais pu être malheureux, si je l'avais voulu. » Il fut l'écrivain léger que l'on sait. Vous êtes sceptique ? Rien n'y fait, ne vous persuade ? Je vois qu'il faut me résoudre à vous conter une histoire que je gardais jusqu'ici par-devers moi, pour ménager la susceptibilité d'une dame chatte siamoise...

Philette, dont j'ai déjà parlé, était une siamoise à queue courte, comme les chats de l'île de Man, un bout de queue tronçonné, ridicule, adorable. Elle avait eu une enfance difficile, et subi toutes les maladies du chaton. Adulte elle restait de santé fragile. Mais elle était fine, sensible (trop peut-être), intelligente, bien au-dessus de la plèbe féline. Ce jour-là nous nous rendions chez le vétérinaire au chef lieu du canton. Tandis que je conduisais, je l'observais, sagement lovée sur son coussin à côté de moi. Les yeux dans le vague elle semblait rêver...

– Tu n'es pas trop inquiète ? Tu connais le Dr Ribois, il est habile, tu ne sentiras presque rien.

Elle tourna vers moi le croissant de ses pupilles, ferma à demi les yeux en signe d'amitié.

– Tu sais, dit-elle, quand j'éprouve un peu d'angoisse, je songe à un poème qui me change les idées.

– Tu veux me le dire ?

Elle hésita :

– Tu ne le répéteras pas, tu connais les chats du village...

Je promis et tant d'années après j'entends encore s'élever par ce matin brumeux, sur cette route de campagne, le doux « mionement », comme disait Montaigne, de sa voix modulée, légère, de sa voix qui souriait...

Le Hibou et la Minouchette

La Minouchette et le Hibou prirent la mer
Sur un joli batelet vert.
Ils emportaient du miel avec beaucoup d'argent
Enveloppé dans un billet de mille francs.
Le Hibou contemplant là-haut le firmament
Grattait sa guitare en chantant :
Ô, aimable Minouche ! Minouche, Minouchette,
Quelle belle Minouche vous faites
Vous faites,
Vous faites !
Quelle belle Minouche, vous faites[1] !

1. Edward Lear, « Le Hibou et la Minouchette », extrait des *Poèmes sans sens*, cité par Philippe Toussaint, *Histoires de chats*, Sortilèges, 1994.

– Mais c'est épatant, dis-je, charmant vraiment !

– Oh, ajouta-t-elle timidement, quand je me récite ce poème toute seule, il m'arrive de remplacer Minouchette par Philette, et elle baissa modestement les paupières sur ses beaux yeux bleus.

TRUCS POUR LE TRAC

Quand j'évoque un personnage plein d'assurance, de confiance en soi, d'un aplomb formidable, je songe à Franckie. Bertrand Visage[1] le décrit ainsi : « Un puissant matou à la fourrure noire... Un énorme seigneur pesant facilement le double de l'ordinaire... cabossé, couturé, dentelé, rapiécé. » Une figure abominable « qui paraissait avoir été estampillée à la hâte par un Dieu en colère ». Franckie n'a peur de rien. Il délivre Léa, l'une de ses vingt et une épouses, du piège gris et froid qui, lentement, implacablement, la tuait. C'est lui qui donne à son fils, l'impétueux et innocent Nelson Ollala, sa première et rude leçon de chasse. Vagabond sans loi ni maître, brave comme Hector, généreux comme Achille, avisé comme Ulysse, ah quel chat que celui-là. J'eusse bien aimé que la flamme qui éclaire ses yeux gris, un peu de son âme inébranlable passe dans celle de Paul, ce grand jeune homme timide affligé de trac, dont je vais sans plus attendre vous conter l'histoire.

* *
*

Mon voisin Albert nous sert le petit vin blanc de pays qu'il récolte sur la colline du village : « Il est fameux ! » déclare-t-il avec fierté. J'acquiesce mollement. J'ai chaud, l'été brûle aux

1. Bertrand Visage, *Éducation féline*, Éd. du Seuil, 1997.

carreaux, une mouche vrombit et se pose un instant sur la toile cirée.

– Le problème de Paul, explique Albert, c'est sa timidité. Il doit se présenter à son futur patron et il a le trac !

– Vous avez un entretien d'embauche en plein mois d'août ? dis-je en me tournant vers un grand jeune homme blond un peu effacé.

– J'ai rendez-vous le si-i-ix sep-sept-embre, bredouille l'intéressé.

– Monsieur va t'aider, il t'enseignera des trucs pour vaincre le trac !

Je ne veux pas contrarier mon voisin Albert et j'accepte de recevoir son neveu le lendemain.

En rentrant chez moi, à deux pas, sous le soleil, ma pensée s'égare et je me remémore en souriant le texte bien connu de Flaubert :

« Le nouveau articula d'une voix bredouillante un nom inintelligible.

– Répétez.

Le même bredouillement de syllabes se fit entendre, couvert par les huées de la classe.

– Plus haut ! cria le maître, plus haut !

Le nouveau... ouvrit une bouche démesurée et lança à pleins poumons, comme pour appeler quelqu'un, ce mot : Charibovari ! » [1]

– Je vais apprendre au neveu d'Albert à prononcer distinctement : Char-les Bo-va-ry ! proclamé-je, en ouvrant ma porte.

Ma femme ne s'étonne plus de mes lubies ; elle sourit avec indulgence :

– A table ! dit-elle.

1. Flaubert, *Madame Bovary*.

* *
*

Le trac, la peur d'expectative disent les psychologues, est l'anxiété que l'on ressent avant d'affronter une épreuve. Le comédien avant d'entrer en scène, l'étudiant la veille de l'examen, le malade qui attend le diagnostic connaissent le trac ».

Acte I

J'imagine un scénario catastrophe. Comédien, je vais trébucher, oublier mon texte, me ridiculiser. Étudiant, je rendrai copie blanche, malade, le médecin m'annoncera que les tests sont, hélas, positifs.

Acte II

Le cortex perçoit le signal « danger » et déclenche le plan ORSEC. Le préfet hypothalamus responsable de tout le système neurovégétatif prend immédiatement les mesures d'urgence. Il avertit la glande hypophyse qui secrète aussitôt une hormone, la « corticostimuline », celle-ci pénètre dans le circuit sanguin, active les surrénales qui sécrètent à leur tour l'« adrénaline » dont on connaît la redoutable efficacité. Simultanément le préfet a sonné le branle-bas de combat dans les systèmes digestif et cardio-vasculaire. Le cortex, informé par le tronc cérébral de ce déploiement d'activité, enivré par la fumée des batailles, se met au diapason en état de vigile maximale.

Acte III

L'organisme tout entier est en « alerte rouge ». La tension augmente, le cœur s'emballe, les muscles se contractent, la glotte se noue, l'estomac se crispe, les intestins tire-bouchonnent, jusqu'au poil qui se hérisse ! Le cerveau tourne à plein régime... nous sommes prêts à fuir, à combattre, à rugir ! Le trac, comme toute peur est UTILE, dans la mesure où il accroît nos capacités physiques et mentales. Mais s'il déborde son objet, s'il persévère au-delà du nécessaire, au lieu de nous servir il nous lèse et parfois nous détruit. Il faut avoir vu Jacques Brel en train de vomir dans les coulisses de Bobino, les membres tremblants, le visage d'un blanc de craie pour comprendre les dégâts qu'il peut provoquer. Maîtriser le trac, le gérer au plus juste de nos intérêts est le but de cette relaxation.

EXERCICE

Paul se présente chez moi le lendemain. Ce garçon est immense, 1 m 90 peut-être, costume gris et cravate malgré la chaleur. Sur le seuil du salon il occupe tout l'espace, embarrassé de ses mains, de ses pieds et même de ses regards. Je l'invite à s'asseoir et nous bavardons. Je le préviens que je ne suis ni médecin ni thérapeute, je propose de le tutoyer pour alléger nos rapports.

– Mon oncle vous es-es-time beau-beau-coup ! dit-il.

Je le remercie d'un sourire.

1. Détente

– Tu enlèves tes chaussures, ta veste, ta cravate et tu dégrafes ton col. Nous allons utiliser l'« effet ressort » des muscles alternativement contractés et relâchés pour induire un état de calme, et favoriser une écoute apaisée.

A. Debout

Dresse-toi sur la pointe des pieds, lève les bras le plus haut possible (Paul effleure le plafond), inspire en contractant énergiquement tous tes muscles, n'oublie pas le visage, je veux te voir faire une horrible grimace (je souris avec amitié), tire sur tes bras, encore, encore, encore... ! relâche tout, expire doucement.

B. Couché sur le dos

Même exercice en position couchée, à plat sur le dos. Tire, tire, sur les bras, contracte les muscles... détente ! Prolonge la relaxation, les bras et les jambes écartés, le menton baissé, les pieds tournés vers l'extérieur. Ta respiration est calme, régulière, tu goûtes un état de demi-veille et de paix.

2. Apprivoisement du « trac »

– Nous allons nous attaquer au scénario catastrophe, à la source de l'anxiété, au mont Gerbier-de-Jonc du trac !

Paul entrouvre les yeux, étonné.

– Je plaisante... détends-toi ! Imagine qu'un tapis magique te fasse voyager dans l'espace et le temps. Nous sommes le 6 septembre, tu es dans le bureau de ton futur employeur. Tu découvres un homme charmant et courtois, que ton curriculum vitae a séduit. Vous avez une passion commune : le sport, football, rugby...

– Je préfère le basket, me souffle Paul.

– Le basket, si tu veux, ton patron est justement un fan de Michael Jordan, un *aficionado* de la balle au panier. Vous conversez agréablement, il te raccompagne jusqu'au seuil de son bureau, vous vous quittez sur une poignée de main chaleureuse.

– Et si mon patron est en ré-ré-alité quelqu'un de froid, d'intimidant ? bredouille Paul.

– Tu procéderas par étapes, tu noirciras chaque jour le portrait de Dorian Gray... tu allieras une relaxation éclair et une image de ton futur employeur graduellement déplaisante : indifférent, ironique, sournoisement hostile, voire, franchement agressif. Dès que le stress pointera son nez, tu reviendras en arrière, tu te replieras sur l'image précédente que tu supportais sans gêne excessive. Le lendemain tu reprendras patiemment ta progression. Sois tenace, habile et confiant !

– C'est difficile, soupire Paul.

– Oui, je sais, c'est difficile, mais tu possèdes un atout ignoré et décisif, une raison capitale d'approcher cette épreuve dans la sérénité.

Paul se redresse sur un coude, il me regarde avec un mélange d'espoir et de curiosité. Je sens qu'il me reste un discours à faire, une branche à tendre à ce garçon sympathique, pour qu'il se dégage des sables mouvants où sa timidité et sa jeunesse s'enlisent.

3. Le droit d'exister

Toi Paul, tu as le droit d'exister, tu détiens entre tes mains ce dépôt sacré, la précieuse vie humaine. En ce moment exact du temps tu manifestes la Vie, et tu es unique, ta façon de sourire, de marcher, de comprendre, d'aimer sont singulières et manqueraient à l'équilibre du monde. Tu as le droit, tu as le devoir d'exister. Fais taire toutes ces voix qui cherchent à te nier. Cesse de t'entortillonner dans des culpabilités imaginaires, de te détruire à petit bruit. Sois fier de toi, respecte-toi, et respecte les autres, c'est tout Un. Cesse de douter de toi parce que tu n'es pas parfait, et de te consoler par des vanités illusoires, des tartarinades éphémères. Tu es grand, maladroit, intelligent, émotif, lâche à tes heures, courageux à d'autres, que sais-je, tu es un Homme ! Et si tu crois un jour, comme moi, que tu fus créé à l'image de Dieu, ou comme tant d'autres que tu es une étincelle d'infini, une parcelle d'Absolu, rien ne saura t'ébranler, car tu te connaîtras irréfragable et immortel !

– Eh bien, dit Paul, l'oncle Albert affirmait que vous étiez un homme doux et calme, quelle passion, quelle harangue ! mais votre discours m'a fait du bien, conclut-il sans la moindre trace de bredouillement.

– Bonne chance, Paul ! murmurai-je tandis qu'il s'éloignait, et je refermai ma porte en ajoutant à l'adresse de quelque diablotin de passage : « Vive Charles Bovary ! » et j'ajoutai *in petto* : « Vive Franckie ! »

RELAXATION DU CERVEAU

Les chats sont-ils intelligents ? La question peut sembler oiseuse, tant la réponse est évidente. Oui, les chats sont intelligents. Je sais bien qu'il existe des scientifiques égarés ou de mauvaise foi qui placent sa cervelle en dessous de celle du singe, du chien, du dauphin, de l'éléphant, certains même la jugent inférieur à celle du rat ! Infamie, calomnie ! j'en appelle à tous les « gatophiles » de la planète ! Nous savons, nous, une vérité que tous ces pseudo-savants : biologistes, psychologues, éthologues ignorent : les chats parlent. L'attestent Colette, Balzac, Cocteau, Lear, Buzzati, Roy, Visage ou Loti... et d'innombrables écrivains. La conversation des chats est, dit-on, fort sensée, agréable, honnête, et surpasse celle de bien des humains. D'ailleurs si l'on connut des chats vizirs, conseillers, sorciers, astrologues, vit-on jamais en leur place des éléphants, des chiens ou des rats ? La cause est entendue. Les chats sont des esprits supérieurs. J'en donnerai ici un dernier témoignage, qui nous est rapporté dans un fragment de l'histoire des dieux de l'Inde. Le chat Patripatan avait tant de vertu, de sagesse qu'il eut l'insigne honneur, que l'on n'avait jamais ouï ni connu, de souper chaque soir sur l'épaule même du roi ! Cette dernière preuve accable définitivement les ignares contempteurs de chats.

Tout ce qui concerne le cerveau humain les intéresse donc, au moins à titre de comparaison ou de curiosité ethnologique.

Ils savent bien, depuis cinq mille ans qu'ils nous côtoient, nos faiblesses, notre besoin d'artifices, de labeurs, d'exercices pour assurer le bon usage de nos facultés intellectuelles, et le paisible gouvernement de nous-mêmes. Ils nous offrent le secours de leur vivant exemple, et leur bienveillance nous est acquise.

– Sois prudent ! me souffle le roi Miquet installé comme à son ordinaire face à mon bureau.

Avec les ans le roi Miquet est devenu très sage et parle fort peu.

– Que veux-tu dire ?

– Tu t'attaques avec la relaxation du cerveau à la partie noble mais très fragile de l'homme, enrobe ton discours de fantaisie, parle en paraboles, afin d'être mieux accepté et compris.

Il dit, et rentre dans son silence et son mystère.

J'obtempère.

« Maître Cerveau sur un crâne perché »

Tenait à peu près ce langage [1] :

– Je suis le Phénix des hôtes de ce corps, de mes lobes frontaux jusqu'à mon cervelet, voyez comme je suis bel et bien fait, admirez mon doux arrondi semé de cratères lunaires. Tout ici obéit à ma loi, rien ne dort ou veille que je n'y consente, sans moi l'œil est stupide, l'oreille sourde et la langue muette. Seul je prévois, conçois, organise, décide... et sans moi vous ne seriez tous qu'un ramassis de larves inutiles et lamentables !

– Mais, seigneur, dirent ensemble le pied, l'estomac, le foie et même le petit étourdi appendice, nous n'avons jamais contesté votre pouvoir royal. Pourquoi ce discours, pourquoi ce courroux ?

1. Valéry, *Cahiers*, Gallimard, 1973.

– Je suis las d'observer « cet individu » vous choyer, vous cajoler, vous mignoter. Je veux, oui, je veux qu'il vienne me relaxer à mon tour. J'ai dit !

A la nuit tombée, ils sont tous venus me chercher, la langue en rampant, la main offerte et l'œil suppliant. Je n'ai pu résister, et me suis mis à l'œuvre sans barguigner.

EXERCICE

1. Préparatifs

On ne peut relaxer Sa Majesté le Cerveau sans quelques préludes et révérences de la porte. Je vous suggère de vous installer de façon agréable. Veillez en particulier à ce que votre tête (et son contenu !) soit disposée selon leur bon plaisir. Choisissez une posture de stabilité classique (diamant, posture parfaite, lotus, etc.), si vous le préférez, asseyez-vous en tailleur, ou même sur votre lit les reins bien calés par un oreiller. La pièce a été convenablement aérée, elle n'est ni trop chaude ni trop fraîche, l'idéal se situe entre dix-huit et vingt-deux degrés. Une « température de demoiselle », comme l'on disait au siècle dernier, au beau temps où les demoiselles symbolisaient la fragilité. Vous réclamez silence et quiétude, vous avez desserré votre ceinture et votre col, abandonné votre téléphone portable. Vous êtes prêt ? Nous pouvons commencer.

2. Détentes préalables

Nous n'en avons pas terminé encore avec les prolégomènes. Avant de relaxer Sa Seigneurie le Cerveau, il convient de procéder à quelques détentes du seuil.

Les mains

Placez-les sur vos cuisses, les paumes tournées vers le ciel, les doigts à demi repliés de façon naturelle. Fermez les yeux, oubliez vos mains comme des oiseaux qui vont s'endormir. Respirez calmement, profondément, régulièrement.

Les bras, les épaules

Commencez par détendre le bras gauche. Encerclez votre poignet de douceur, relaxez l'avant-bras, dessus, dessous, faites en pensée le tour du coude, visualisez en remontant vers l'épaule la partie antérieure du bras : le brachial, le biceps (ou long biceps), le deltoïde, et la partie postérieure : le triceps et le court biceps. Procédez de façon identique avec le bras droit.

Détendez les épaules, à gauche puis à droite comme précédemment. Caressez par la pensée de bas en haut la région scapulaire, la région axillaire et enfin la deltoïdienne, qui constitue la partie saillante de l'épaule.

La nuque, la tête

La nuque est presque exclusivement une masse musculaire. Elle est très sollicitée et parfois maltraitée, accordez-lui un instant de bienveillance. Détendez-la soigneusement.

Disposez la tête bien en équilibre, droite et légère comme une fleur sur sa tige. Rentrez un peu le menton, laissez vos lèvres s'épanouir en esquissant un demi-sourire, la langue repose bien à plat sur le plancher de la bouche, les dents s'effleurent sans se toucher. Caressez par la pensée vos joues, relaxez vos yeux ; vos paupières sont aériennes et soyeuses comme des ailes de papillon. Lissez les tempes, le front. Votre visage est en paix.

3. Le cerveau

Nous voici au pied du mur, prêts à nous attaquer enfin à l'organe précieux entre tous : le cerveau. Il convient de l'aborder avec précaution, mais amour aussi, il a droit à notre respect, à notre tendresse comme toutes les autres parties de notre corps, et ce malgré son impossible caractère !

Une description anatomique et physiologique du cerveau serait d'une telle complexité qu'il me faut y renoncer. Pourtant une vue panoramique est nécessaire. Le cerveau ressemble à une sorte de ballon de rugby coupé en son milieu, sous le plancher à l'arrière on remarque une protubérance : formée par le bulbe et le cervelet. En se plaçant au-dessus on observe une fente profonde : la scissure de Rolando, qui sépare les cerveaux droit et gauche. En partant de l'avant, on repère successivement les lobes frontaux, pariétaux, occipitaux. Représentez-vous cette masse spongieuse constituée de dix milliards de cellules, perpétuellement irriguées grâce aux quatre troncs artériels des carotides, par une infinité de capillaires, qui tapissent l'écorce cérébrale, tandis que sans cesse sur la brèche les veines jugulaire et vertébrale accomplissent leur travail d'éboueurs en recueillant le sang veineux collecté par les sinus crâniens. Imaginez cette formidable centrale électrique et chimique bourdonnant d'activité. Voilà votre cerveau...

Relaxez-le

Balayez l'intérieur de votre crâne d'une brise légère. Partez du front, jusqu'à l'occiput. Après deux ou trois passages, évoquez une rivière, un ruisseau de printemps, qui bondit, joyeux, dénoue les spasmes, libère les stases vasculaires, nettoie tout sur son passage.

Imaginez que votre cerveau est une sorte de grosse éponge

naturelle. Saisissez-la mentalement par le travers. Pressez-la avec une douce fermeté, relâchez. Pressez, relâchez, pressez, relâchez... une dizaine de fois.

Harmonisez votre souffle et la pulsation cérébrale. Respirez calmement, profondément, régulièrement, freinez l'expiration jusqu'au long soupir de bien-être. Aidez-vous au besoin d'un mantra, d'une formule qui vous touche particulièrement : « relaxe », par exemple, en articulant « re » sur l'inspir, « » sur l'expir, ou « schân » « ti-i-i-i » (paix en sanscrit). Je suis chrétien, je prononce à ce moment le nom de mon Dieu, chacun suit sa pente, ceux qui croient en Dieu et ceux qui n'y croient pas. L'essentiel est qu'elle soit vôtre, précieuse et singulière.

Cet exercice ne doit pas être prolongé plus de trois ou quatre minutes. Il procure une détente exceptionnelle à condition que vous soyez attentif et bienveillant, au sens étymologique (bien, veuillant), à l'égard de vous-même.

* *
*

– Êtes-vous satisfait, Votre Seigneurie, de cette relaxation que vous devez à nos bons soins, à notre zèle ? questionna la langue bavarde et inquiète, flanquée comme toujours de l'œil de velours, de la main toujours prête.

Maître Cerveau réfléchit...

– Je ne me plains pas, dit-il enfin, mes neurones sont rafraîchis, je vais pouvoir gouverner avec plus d'efficacité, mes ordres seront plus clairs et donc plus vite exécutés ! Peut-être même aurai-je le loisir de m'abandonner à quelque noble et haute songerie philosophique, dont vous n'avez aucune idée, pauvres nains que vous êtes.

Dieu par hasard tendait l'oreille, il ébranla d'une pichenette le crâne superbe. Maître Cerveau, sentant ses appuis vaciller, se hâta d'ajouter :

– Vous savez bien que j'ai pour vous de la tendresse et cette relaxation bienfaisante m'aidera à l'avenir à vous le manifester avec « éclat »...

– Amen, dirent en chœur le pied, l'estomac, le foie et ce petit insolent d'appendice...

AU BUREAU

Par défi et par jeu, on affubla notre chat de gouttière d'un nom ronflant : Polycratès, le célèbre tyran de Samos, connu pour ses pirateries et ses brigandages au VIe siècle avant notre ère. Comme son homonyme, Polycratès, dit Poly dans l'intimité, était un chat sans foi ni loi, un baroudeur mafflu, dentelé de cicatrices, terrible batailleur de toits, un brigand de chat. Pourtant à l'instar de son illustre parrain, qui protégea le doux poète ionien Anacréon, Poly avait ses moments de bénignité. Souvent le matin il s'introduisait dans mon bureau, et avec précaution, une étonnante délicatesse, il s'installait sur une étagère. Là il s'endormait. Sa présence redoutable inexplicablement m'apaisait. Qu'y a-t-il dans le sommeil du chat qui nous desserre la gorge, dénoue le plexus, dissipe le stress comme une légère fumée ? Quand son sommeil devenait moins profond, Poly émettait un doux ronronnement tantôt basse, tantôt baryton, « bourdonnement de coléoptère prisonnier, rumeur d'usine lointaine, mystérieux privilège... », écrit Colette[1].

Quand je me remémore ces temps déjà lointains, j'associe dans mon souvenir le censeur et Poly. Tous deux ont beaucoup aidé, sans le savoir, le blanc-bec que j'étais. Mon adjoint

1. Colette, *La Maison de Claudine*, Librairie générale française, 1990.

s'appelait Carlotti, un Corse aux yeux bleus, un homme solide et sage. Nous dirigions ensemble un grand lycée et tous les matins, assis de chaque côté de mon bureau demi-ministre, nous faisions le point. Élèves absents, gestion du personnel, application des circulaires... J'étais le chef et je l'estimais, il avait sur moi le privilège de l'expérience et de l'âge. J'étais en ce temps-là jeune, impulsif, enclin aux brusques colères. Parfois je m'emportai :

– M. Dupont a un comportement intolérable, il se moque de nous, je vais en référer à l'Académie !

M. Carlotti face à moi se taisait, ses yeux bleus calmes fixaient l'horizon.

– Que faites-vous ?

– Je me relaxe, disait-il.

Et, dans le silence, on distinguait le ronronnement discret de Poly. Je bénéficiai de ces haltes de sagesse. Ma colère s'éteignait. Nous prenions ensemble des décisions équitables. Je n'ai jamais oublié M. Carlotti ni Poly, je leur dois d'avoir au cours de ma longue carrière évité un certain nombre de sottises, et quelques-unes de ces injustices qui traînent après elles les nuages mélancoliques du remords.

EXERCICE

1. Posture

Vous vous installez confortablement au fond de votre siège en appuyant résolument les lombaires contre le dossier. Décroisez les jambes. Les cuisses et les mollets forment un angle de 90°, les pieds sont posés bien à plat sur le sol.

Vous placez vos mains sur votre bureau dans une attitude

d'abandon, les doigts à demi repliés ou, si vous préférez, vous recueillez vos mains dans le giron, la gauche en dessous, la droite au-dessus, les pouces se rejoignent, s'effleurent et dessinent un élégant petit chapeau !

2. Respiration

Respirez profondément, calmement, régulièrement.

Freinez progressivement l'expiration jusqu'à ce qu'elle atteigne à peu de chose près le double de l'inspiration.

Pendant l'expir imaginez que votre corps devient lourd, très lourd.

3. Regard

Votre tête est posée sur votre tronc comme une fleur sur sa tige. Regardez droit devant vous, la qualité du regard est l'élément essentiel de cette relaxation. Le défi consiste à « laisser venir » le décor quel qu'il soit. La mer, les montagnes au loin, les champs si vous avez de la chance, ou les toits de Paris, si vous en avez aussi, ou le papier peint, les rideaux de cretonne, le mur en béton de l'immeuble d'en face...

Accueillez, accueillez avec une sympathie nuancée de détachement. Vos yeux sont des miroirs, vous ne jugez pas, vous n'analysez pas, vous ne nommez même pas, si cela vous est possible. Vous laissez vos yeux errer ainsi quelques secondes d'un angle à l'autre du décor. Le temps nécessaire pour vous rafraîchir le mental, et néanmoins assez bref pour ne pas piquer la curiosité de vos aimables collègues !

4. Étirement

Selon les opportunités (toutes les deux heures, par exemple) vous vous levez et vous essayez de vous isoler. Allez dans le couloir, les toilettes, ou chassez tout le monde de votre bureau !

Sur l'inspiration vous vous dressez sur la pointe des pieds, vous levez les bras aussi haut que possible, les mains ouvertes, les doigts bien écartés.

Vous contractez vigoureusement tous les muscles du corps, ceux du visage y compris. Grimacez horriblement ! Vous voyez l'avantage d'être seul, vous feriez peur à vos collègues, et donneriez des cauchemars aux enfants !

Sur l'expiration, détendez.

Revenez à la vie communautaire, paisible, le cœur à l'ouvrage, de la lumière dans les yeux.

REMARQUE : Vous pouvez choisir de sérier les exercices. Un et deux ensemble, ou trois ou quatre, séparément.

N'oubliez pas que vous êtes responsable de votre équilibre et de votre santé. Pourquoi vouloir à tout prix être malheureux, fatigué, irritable quand vous pouvez balayer tout cela par une relaxation ? Je sais bien qu'il y a de la douceur à se laisser souffrir, à jouer le rôle de victime. Mais la bonne santé, la bonne humeur comportent aussi certains avantages...

L'HUMOUR

Deux chats élégants se rencontrent sur la promenade du Mail, un marquis, le siamois blue point, et le british *shorthair*, l'élite des chats de gouttière.

– Connaissez-vous la triste nouvelle ? demande le blue point.

– Non, dites-moi..., répond le shorthair, toujours avide de potins distingués.

– Hélas, la petite Agnès est morte !

Il existe cent et une façons de se relaxer : d'écarter l'anxiété, cette « peur des dangers possibles », d'amadouer l'angoisse, notre peur existentielle. L'humour est l'une d'icelles, qui adoucit la peine des hommes et déjà ce n'est pas rien. L'HUMOUR : une forme d'esprit qui saisit par privilège les aspects amusants ou insolites de la réalité. Une mise à distance légère, qui relativise, met à sa juste place l'incident que l'on appelait catastrophe. Politesse du cœur, expression d'une liberté. L'HUMOUR parfois est noir ou cruel, glisse à l'ironie, cette arme des faibles, cette « haine qui s'amuse », mais pour se détendre, s'apaiser, il vaut mieux pratiquer l'humour sans méchanceté, prendre le risque de la tendresse, d'une tendresse qui joue et danse. C'est plus difficile, je le reconnais. Pour vous aider, voici un conte qui m'a toujours enchanté.

Il était une fois, il y a de cela bien longtemps, un jeune éléphanteau qui vivait au cœur de l'Afrique. C'était un mâle superbe, d'un noir luisant, qui mesurait déjà trois mètres au garrot, mangeait ses cinq cents kilos de feuillages par jour, et arborait de magnifiques défenses acérées. Or un matin qu'il s'en allait paisiblement sous le soleil blanc de l'aube se baigner dans la rivière, il entendit soudain un faible couinement qui paraissait venir de dessous sa patte gauche. Il s'arrête, se penche et aperçoit une demoiselle souris, froissée et indignée :

– Vous ne pouvez pas faire attention, espèce de gros lourdaud !

Stupéfait, le jeune éléphanteau contemple la créature minuscule :

– Mademoiselle, dit-il avec courtoisie, comment vouliez-vous que je vous visse, vous êtes tellement petite !

– Oh ! fait la souris coquette, je suis assez jolie, je crois, pour que l'on me remarque, si l'on est un tant soit peu galant !

– Mais, mademoiselle, s'impatiente l'éléphanteau, il est impossible de vous voir, vous êtes... microscopique !

– Pfft... !

La souris hausse ses mignonnes épaules.

– Écoutez, regardez-vous, regardez-moi !

Et le jeune éléphanteau roule sous le soleil d'Afrique ses épaules énormes, noires et luisantes, vous êtes petite, petite... (il cherche ses mots), vous êtes une gringalette !

La demoiselle souris, un instant décontenancée, réfléchit :

– Oui, mais moi, cet hiver j'ai été malade !

Brusque changement de perspective, la mélancolie du relatif, la pointe de tendresse, tout dans ce conte me ravit. Mais chacun trouvera d'intuition l'humour qui lui convient. Cultivez l'humour avec obstination, donnez-vous cet espace de jeu, cette oasis du quotidien.

LA GRIFFE ET LA ROSE

Ai-je dit, déjà, que Philette, la chatte que j'eus en ma belle quarantaine, portait au front ce que l'on appela au Moyen Age la « tache de Dieu », cette étoile blanche que Dieu accordait aux chats (noirs en particulier) afin qu'ils ne fussent brûlés avec les sorciers. Chatte bénie, bâtarde de siamoise, la plus tendre que je connus. C'est elle que j'interrogeai un jour sur les griffes, sujet délicat que je n'aurais osé aborder avec d'autres félins, dont j'eusse été moins intime.

– Ah ! les griffes, soupira-t-elle, nos outils précieux, source de nos préoccupations constantes. L'un se plaint de ses cuticules trop durs, celui-là souffre d'une tendinite qui lui interdit leur complet étirement, la vieille Sara ne parvient plus en les rétractant à les loger dans le repli de peau sous le coussinet. Elle ne sait plus faire « patte de velours », comme vous dites, et son maître est fort mécontent ! Il a l'intention de les lui couper.

– Oh ! dis-je. C'est horrible ! Cela va faire d'elle une infirme, elle ne pourra plus chasser, ni grimper aux arbres.

– Sara est obèse et ne chasse plus guère. Non, le pire, vois-tu, est l'incapacité de sortir et de rétracter les griffes à son gré. Saisir, lâcher, prendre, donner ; attaque, repos, élan, détente. C'est le rythme, l'équilibre de sa vie qui est menacé.

– Quelle sagesse ! dis-je rêveur, et nous les hommes, qui acceptons si difficilement de desserrer nos griffes, de les ôter du plat, qui voulons toujours plus, en une poursuite sans fin. « La course et la soif à la fois », dit le poète. Nous, si avares et même parfois à l'heure d'aimer...

– Vous êtes de curieux animaux, remarque Philette.

Cette conversation, enfouie dans une lointaine pliure du temps, vient encore parfois me titiller l'épigastre. Si nous voulons, à l'exemple du chat, équilibrer en nous « le prendre et le donner », mettre un peu d'harmonie dans nos vies, il nous faut d'abord savoir « lâcher prise », ouvrir la main et le cœur, comme des fleurs offertes. C'est pour cela que je propose cette « relaxation de la rose ». Un dernier conseil : n'achetez pas le « chat en poche ». Essayez, il y a par là, je vous l'affirme, un petit sentier de bonheur.

La Relaxation de la rose

Harpagon, l'avare, le grippe-sou est un personnage bien connu et récurrent de la comédie humaine. De tout temps, on l'a brocardé. On a décrit ses mains comme des griffes, les doigts crochus tétanisés sur sa bourse, sur son or. Au Moyen Age, on disait déjà : « Le grigou a mal à la main qui donne ! » Inquiétude, soupçons, rétraction continue sont le lot du râcle-deniers : « Il se retient même de cracher, de peur d'avoir soif ! » dit un vieux proverbe. Vous imaginez le terrible dilemme du malheureux ! Et l'âpreté au gain ne le laisse jamais en repos : « Il écorcherait un pou pour en avoir la peau ! » ce qui atteint les limites de la férocité, de l'acharnement... car, je vous le demande, combien faudra-t-il de ces pédiculidés avant d'obtenir un résultat convenable ? Je plaisante, comme je le faisais parfois avec mes élèves, pour mieux éclairer l'attitude exactement opposée. Qui ouvre ses mains, ouvre son cœur. Le corps et l'âme s'épousent et marchent l'amble. La relaxation de la ROSE ÉPANOUIE, en dénouant, un à un, les doigts, lentement, précieusement, comme les pétales d'une rose offerte, apporte la paix.

EXERCICE

Un conte zen rapporte qu'un jour l'empereur fit mander à sa cour le peintre le plus célèbre de Chine pour lui demander son secret : « Je suis ASSIS ! » répondit le vieil homme. Savoir se tenir « assis » dans une posture de stabilité : le torse droit, la tête comme une fleur posée sur sa tige, les épaules décontractées, les bras souples, la respiration libre, est le secret de cette relaxation. Il existe de nombreuses postures dites de « stabilité », je vous en propose cinq. Vous choisirez en fonction de vos goûts et de vos capacités physiologiques. Reportez-vous aux figures p. 77.

1. Le diamant (VAJRÂSANA)

Assis entre les talons formant un berceau. Le torse droit, les épaules détendues, les mains sur les genoux, les paumes vers le ciel, les doigts à demi repliés. Cette posture est celle des débutants, elle est d'emblée plus accessible aux femmes, dont les ligaments sont plus souples, mais elle devient rapidement confortable pour presque tous.

FIGURE 1
Assis entre les talons

FIGURE 2
Assis sur une chaise

FIGURE 3
Sukhasana ou posture simple

FIGURE 4
Siddhasana ou posture parfaite

FIGURE 5
Padmasana ou posture du lotus

2. Assis sur une chaise

Ne pas s'appuyer contre le dossier. Les pieds sont posés bien à plat sur le sol. Les jambes forment un angle droit.

Certains de mes élèves hésitaient à prendre cette posture, la jugeant humiliante, et s'obstinaient à se démolir les genoux. La souplesse n'est pas également partagée. Mais rien n'est plus étranger au yoga et à la relaxation que l'esprit de compétition et plus dérisoire en ces disciplines que la vanité. L'essentiel est de donner à chaque moment de nos vies et pendant ces exercices une réponse adaptée : LA RÉPONSE JUSTE.

3. Posture simple (SUKHÂSANA)

Le pied droit, la plante tournée vers le haut, est glissé sous la cuisse gauche, le pied gauche sous le mollet droit, ou inversement.

4. Posture parfaite (SIDDHÂSANA)

Le pied gauche est glissé sous la cuisse droite, le pied droit posé sur la cuisse gauche, ou inversement.

5. Le lotus (PADMÂSANA)

Les deux pieds sont placés sur les cuisses opposées. La reine des postures de stabilité et la plus difficile.

La rose épanouie

Voici le cœur de l'exercice. Installé dans la posture choisie, vous joignez les mains, les doigts vers le ciel. En maintenant en contact l'intérieur des poignets vous éloignez progressivement les doigts des deux mains, ils s'arrondissent, s'ouvrent comme une rose fleurit. Et ce geste doux, lent comme un film au ralenti, vous le poursuivez pendant TROIS MINUTES, vous avez bien lu : trois minutes sans vous arrêter, ni accélérer.

Vous avez essayé, vous n'y parvenez pas et craignez de n'y parvenir jamais... je vais vous confier un secret. Ce n'est pas l'essentiel. Négociez avec vous-même, soyez ferme et amical. Privilégiez l'esprit plutôt que la lettre. Quel est le sens de cette figure de relaxation ? Inverser le geste de l'avare. Celui-ci veut désespérément prendre et retenir, symboliquement il refuse de mourir, c'est dire qu'il refuse aussi de VIVRE. Car toute rose en son matin sait qu'elle doit accepter de défleurir, si elle veut en son midi s'épanouir. Vous ouvrez les mains, vous offrez vos doigts en corolle. Vous participez ainsi au rythme de l'univers, vous êtes dans l'harmonie et la paix.

LE BONHEUR EST DANS LE BOIS

Le chat est le seul animal familier qui s'adapte sans difficulté à la vie sauvage. Chaton prolongé au sein de sa famille humaine ; chat adulte, géniteur, prédateur, dès qu'il l'a quittée. Il est merveilleusement accordé au langage des bois. Pour nous les hommes, il n'est pas si facile de convaincre notre mental de « lâcher prise », notre corps de s'abandonner au paysage. La relaxation, la sagesse ne sont pas offertes d'emblée, il faut un peu les courtiser, les apprivoiser. Voici des chemins en pente douce...

AUTOMNE...

Aujourd'hui il pleut dans le petit bois, une pluie douce, obstinée, infinie, les feuilles des arbres luisent de verni, l'écorce sent la fraise écrasée, les châtaigniers égouttent leurs palmes sur ma casquette de laine bleue, je descends le sentier, qui serpente jusqu'à la lisière du petit bois.

Par les ronces, qui frisent au bord du sentier, les châtaigniers, les genêts, la mousse en tapis, par les bouleaux blancs et graciles, par le saule et les bruyères bleues, par le blaireau, le chevreuil que démangent ses cornes, par la limace et le têtard, et les nids blottis des oiseaux, je communie avec la Vie, je chante la pluie, je m'accorde au rythme de l'univers. J'oublie mon ego inquiet, je ploie avec les branches, je suis l'ami des arbres patients. J'inspire avec bonheur, j'expire avec confiance, je suis le bois, la pluie, la vie. Je me relaxe insensiblement, doucement, et la paix descend en moi.

HIVER

Saison d'hiver. Tout au fond du petit bois, entre un saule et trois noisetiers, se cache une mare. Un certain après-midi de janvier, une très jeune grenouille nageait sur la mare gelée!! Son petit ventre rond posé délicatement sur la glace, elle agitait désespérément ses pattes antérieures et repliait en V à une cadence effrénée ses longues pattes postérieures et ses pieds palmés. Elle nageait, la petite grenouille, sans avancer. Elle m'entendit sans doute arriver, ses mouvements devinrent fous. La peur décuplait ses forces. Elle nageait à mourir, la petite grenouille, sur la mare gelée.

Avec mon gros bâton, j'ai cassé la glace, un trou d'eau aussitôt s'est formé. Elle s'est précipitée, la petite grenouille. Plouf! Un mouvement vif et doux, un arrondi d'une grâce inouïe, juste et parfait. Je songe à cette petite scène en poursuivant mon chemin dans les bois. Il me semble que mon pas est plus souple, mon corps amical et léger. Chaque fois que l'on porte secours, on métamorphose le malheur en tendresse, cela s'appelle compassion. Cette vertu, que les yogis comptaient parmi les quatre « illimitées » avec l'amour, la sérénité et la gaieté, donne précellence au pays de la relaxation.

PRINTEMPS

Au flanc sud du petit bois s'adosse un chêne bicentenaire. Il naquit sous Louis XVI. Il était adolescent quand Buonaparte battait les Autrichiens à Arcole et à Rivoli, quand le général corse le soir, sous la tente des batailles, écrivait de tendres lettres maladroites à la belle créole Joséphine. Le chêne était déjà centenaire sous Jules Ferry.

Autour de lui, tous les trente ans, au hasard des coupes, l'on abattait ses frères. Il connut sept générations de châtaigniers et presque autant de bouleaux et de hêtres. Lui par aventure on l'épargnait. Il contemplait les printemps, les étés, les vignes à ses pieds rougeoyer, et des milliers de soleil naître et disparaître sur la colline. Sa taille s'épaississait, il atteignait trente mètres. Seul. Bientôt l'an deux mille, il est là, le chêne, au flanc sud du petit bois, veilleur de plaine, guetteur du passé. Cet après-dîner je suis monté le voir. J'ai posé mes lèvres sur sa joue d'écorce chaude. Un îlot de sécurité dans ce monde d'impermanence. Je me suis senti en paix.

ÉTÉ

Une coccinelle sur un fût de chêne gravit son Annapurna. C'est une bête mince et sportive, sa tête est noire, son manteau rouge entre le cyprin et l'écarlate, au bas du dos une tache noire percée d'un point noir en son milieu. Courageusement. Elle grimpe. Tout à l'heure je l'ai aperçue dans un rayon de soleil. Elle était à hauteur de ma poitrine, la voici maintenant sur la ligne de mes yeux. Elle franchit d'un pas égal les difficultés, se glisse dans les creux, se hisse au sommet des bosses, contourne avec prudence les obstacles. Une allure régulière, le sens du terrain, une vraie montagnarde ! Il faut à présent que je lève la tête pour la voir. Elle atteint un tapis de lierre qui couvre presque entièrement la paroi, elle pénètre sous les feuillages, et disparaît sans se retourner.

Jusqu'où ira-t-elle la coccinelle ? Que cherche-t-elle au sommet du vieux chêne à trente mètres de là, croit-elle que le Dieu des coccinelles habite là ?... Et moi, où vais-je, pourquoi ces jours entassés, ces voyages d'oubli, ces activités fébriles et désordonnées ? La coccinelle semble me dire : « Jour après jour, pas après pas, obstinément je fais ce que je dois, le reste ne m'appartient pas. »

Je repars sur le sentier l'âme accordée à la Sagesse des bois.

A L'ÉTAPE

Installé à sa place favorite dans mon bureau, Miquet, les yeux entrouverts, sommeille et rêve. Je perçois les mouvements rapides des paupières, d'éminents éthologues supposent que les images, qui défilent à cet instant sous les membranes nictitantes, parlent de territoire, de chasse, de combat. Nul n'est certain. Où te promènes-tu, Miquet ? Vagabondes-tu au soleil sur la colline des vignes, ou dans le jardin et ses herbes folles ? Te souviens-tu de tes jeux de chaton ? Mes pensées à ta suite dérivent... et comme souvent alors que s'approche de moi à pas de loup la septantaine, je revisite mon enfance. Ne vous inquiétez pas, ce vagabondage mental, dont Miquet me fournit le prétexte, ne sera pas une promenade égotiste. Un homme à tous les autres ressemble, et parlant de mon enfance, je susciterai la vôtre. Nous abordons la dernière partie de ce livre : le voyage intérieur. Nous allons toucher le cœur de nous-mêmes, le « je essentiel ». Avant l'effort une halte est nécessaire. Prenons à l'étape, un petit coup de rêve, ou de souvenir, un petit muscadet de liberté ! Et à la santé de Miquet... !

Les grandes traditions spirituelles (yoga, zen, hassidisme, soufisme, mystique chrétienne...) ont toujours su ménager, à côté d'exercices bien structurés, des espaces où l'imaginaire, l'émotion, l'énergie personnelle du disciple avaient mieux loisir de s'exprimer. Je me réfère à ces nobles modèles, *mutatis mutandis* bien entendu, et à ma modeste place, en vous proposant ici une relaxation ouverte. Un récit où j'évoque un épisode de mon enfance servira de prétexte, de tremplin pour éveiller la vôtre. Interprétez ce texte selon votre pente singulière. La « Fabula ouverte », dit Umberto Eco[1], permet de faire « l'expérience de soi à travers les autres ». Souvenez-vous de votre enfance, ses brumes, ses enthousiasmes, ses plaisirs et ses ombres. Accueillez cet enfant que vous étiez, regardez-le par-dessus les années avec lucidité et bienveillance, aimez-le de tendre amour, comme vous fûtes aimé, ou comme vous l'avez rêvé.

* *
*

En ce temps-là j'étais écolier, « je tendais la main à la férule », comme le disait bellement notre professeur d'histoire, M. Jahan. Il souriait disant ces mots, un sourire un peu mystérieux, qui lui tirait la bouche d'un seul côté. M. Jahan avait les cheveux noirs et bouclés, un visage très pâle, le front blanc et bombé comme ceux des statues de Praxitèle. M. Jahan me fascinait. Il était jeune, parlait d'une voix douce et calme des Grecs et des Romains, des Égyptiens et des Assyriens... Le samedi, pour le dernier cours de la semaine, il arrivait en classe le cartable gonflé à craquer d'albums de bandes dessinées, et il déversait sous nos yeux émerveillés les Bibi Fricotin et les Pieds Nickelés ! M. Jahan était mon idole. J'avais dix ans et j'étais en sixième.

– Tu sais, Jahan, c'est un juif ! me dit un jour Ratier, un gros garçon dont le père était marchand de cycles.

1. Umberto Eco, *Lector in fabula*, Grasset, 1985.

Je n'aimais pas beaucoup Ratier, qui nous écrasait de son superbe vélo jaune citron, avec deux sacoches ventrues couleur beurre frais, un guidon demi-course, un dérailleur trois vitesses, et deux timbres. Le luxe absolu.

– Un juif? demandai-je pourtant intrigué.

Je ne savais pas ce que c'était, mais j'admirais de confiance. M. Jahan y gagnait un supplément d'auréole et de mystère.

– Un juif!! Ah, dis donc, c'est formidable, non?

Ratier, je m'en souviens, me considéra avec mépris et pitié, et me rangea définitivement parmi les indécrottables niais.

La guerre qui couvait sous la braise depuis 1939 devint brusquement un incendie en mai 1940. L'orage de feu passa sur nous, chassa les derniers professeurs et nous dispersa. Ce fut l'exode, le fleuve ininterrompu des réfugiés, les bombardements sur les ponts de la Loire, les mitraillages et les cadavres dans les fossés. Enfin les tanks, les Panzers et les soldats de la Wehrmacht, torses nus, terrifiants, riant de leur victoire dans le soleil d'été. Alors s'installa dans nos villages la paix, occupée. Quand je rejoignis le collège en octobre de nouveaux professeurs nous attendaient. M. Jahan avait disparu. Nul ne put me renseigner, c'était comme s'il n'avait jamais existé. J'entrais en classe de cinquième, j'eus d'autres enthousiasmes, d'autres soucis, d'autres projets. En février 1941, j'avais presque oublié M. Jahan. C'est à cet époque que je le revis.

Maman était la postière de notre village. A ce titre elle fut conviée à un grand rassemblement, qui se tenait au chef-lieu du département. Je ne sais pourquoi elle m'emmena. Je me souviens qu'elle portait son chapeau cloche à plume bleue qui devait dater des années folles. Il était tout défraîchi et j'étais un peu embarrassé de la voir ainsi accoutrée. En montant dans l'autocar, le chauffeur cria : « Allez, la petite dame, encore un effort ! » Il l'aidait bizarrement en riant avec insolence. J'étais rouge, furieux, prêt à en découdre. Elle m'apaisa d'un geste, et je sens encore sur ma joue le contact tendre et chaud, râpeux de sa robe de laine bleue.

Quand nous arrivâmes devant les bâtiments de la Mutualité, un homme muni d'un brassard nous prit en charge et nous guida jusqu'à la salle où se tenait le congrès des postiers. J'étais un peu désorienté, et je m'accrochais à la robe bleue de maman. Un monsieur très rouge parlait sur une estrade, il faisait des gestes rythmés et je voyais ses bras courts passer et repasser devant son ventre rond et la chaîne d'or de son gilet. Un autre monsieur lui succéda, qui avait un col dur et une pomme d'Adam qui tressautait. Je regardais toutes choses les yeux écarquillés. Mais au bout d'une heure je m'ennuyai, et peu après je m'échappai. Je me hasardai dans les couloirs, poussant une porte ici, explorant là. Le bâtiment était immense, j'étais un peu effrayé, et dans le même temps saisi d'une sorte de fièvre, je voulais tout voir, tout découvrir, tout visiter. A ce moment je perçus une sorte de murmure. Il devait y avoir une réunion dans les sous-sols. Je me glissai par un escalier étroit et m'arrêtai devant une porte. J'entendais nettement un monsieur parler, un autre lui répondre, plusieurs ensuite. Les voix étaient mesurées, comme feutrées. J'entrai, d'un coup d'œil rapide je fis le tour de l'assemblée, une douzaine d'hommes autour d'une table. Soudain face à moi, je le reconnus. LUI ! M. JAHAN !

Je m'élançai et criai fou de joie : « Monsieur Jahan, monsieur Jahan ! »

Les participants se figèrent de stupeur. M. Jahan parut gêné. Je revis de tout près le front blanc, si blanc, et le sourire un peu mystérieux, qui lui tirait la bouche d'un seul côté.

– Je vais aller chercher maman, exultai-je. Il faut qu'elle vous connaisse, elle est dans les étages au-dessus !

Je détalai sans prendre garde aux appels étouffés derrière moi. Je n'avais qu'une pensée : « J'ai retrouvé M. Jahan ! » Quand je revins, tirant maman par la manche, la salle était vide.

L'autre jour, dans le cartable de mon petit-fils, je tombai par hasard sur un livre d'histoire romaine. Soudain au détour d'une page, une image : le maître d'école vêtu de la toge, sa « férule à la main », enseignant des enfants accroupis... et je revis le front blanc, si blanc, comme ceux des statues de Praxitèle, et le sourire un peu mystérieux qui lui tirait la bouche d'un seul côté... M. Jahan.

Un ami me fait observer que j'abandonne le lecteur au milieu du gué :

– Qu'est devenu M. Jahan... tu laisses subsister un doute inadmissible !

– Je ne sais, dis-je, je ne suis même pas convaincu qu'il ait été israélite. Ratier n'était pas très fiable, et je fus à dix ans un innocent gobeur de calembredaines. Je crois que ce nom vient de l'ancien français « jehan », tout simplement.

– Alors, pourquoi raconter ainsi cette histoire ?

– J'ai voulu témoigner d'une ombre qui traîna longtemps sur ma vie. Il faut se réconcilier avec son enfance, décider une fois pour toutes de se pardonner.

– Tes relaxations sont parfois bien subtiles sinon hasardeuses...

Et il me sourit.

– Comme la liberté, dis-je, comme la liberté.

Miquet à cet instant ouvre ses yeux céladon de mer bretonne, il étire en arc son corps longiligne, égratigne au passage le velours du fauteuil, s'installe commodément.

Il est réveillé. L'étape est achevée.

LE VOYAGE INTÉRIEUR

« On peut trouver Dieu dans une ortie », affirme le dicton japonais, et que peut-on rencontrer dans les yeux d'un chat ?

Miquet me regarde. Il offre bien en face, sans un cillement, ses yeux énigmatiques. Que voit-il ? Le surplus de bâtonnets, l'absence relative de cônes lui font découvrir un paysage délavé.

Éteints, le bleu intense, le rouge vermillon, pourpre, carmin... Il ne demeure que les verts pâles, les jaunes, les bleus doux, les rouges fatigués. J'observe sa pupille : cette fente noire verticale qui joue avec l'iris, l'envahit puis se retire, croissant de lune sombre qui vit en accéléré tous ses quartiers, au gré des plus infimes variations de lumière. Il n'y a dans tout le règne animal de plus beaux yeux que ceux du chat. D'où vient leur charme étrange ? Ils vous fixent, et l'on se heurte au désert aride, au ciel infini et vide, à l'immense mer océane, quand les marins espagnols guettaient en vain, à bord des caravelles, les terres inconnues. « Yeux de métal et d'agate », dit Baudelaire, yeux fascinants, qui nous attirent comme un vertige.

A mon avis, Miquet n'ignore rien du pouvoir que l'espèce féline exerce sur les humains. Ainsi parfois le matin, installé commodément dans le fauteuil qui me fait vis-à-vis, il me fixe. Tête droite, pose hiératique, il joue au sphinx. Je décèle la comédie, je ne suis pas dupe tout à fait du personnage. Et pourtant... ses yeux verts aux parcelles d'or peu à peu m'entraînent, m'ensorcellent. Je m'interroge sur moi, je prends *nolens volens* le chemin au-delà des apparences. A la grâce de Miquet, sans doute, je devrai ces quatre dernières relaxations : LE BON SENS, ou la réponse juste, LE PARDON DE SOI, qui nous réconcilie avec nous-même, LA MISÉRICORDE, qui délivre notre cœur, L'AMOUR, qui tout englobe, et donne à nos vies un sens définitif. Je jette un regard oblique sur Miquet, il me semble voir un sourire flotter sur la face impassible, à moins que ce ne soit un rayon de soleil, qui joue gaiement à cache-cache sur le petit mufle léonin.

LE BON SENS

Le bon sens est la capacité de bien juger, de peser à leur juste poids les événements, les gens, les choses, sans se laisser influencer par la mode, les émotions ou les préjugés. Les sages védiques nommaient cette vertu « buddhi ».

Quel que soit le nom qu'on lui donne : intelligence objective, lucidité ou « buddhi », le bon sens est une qualité difficile à exercer. Un exemple valant cent discours, suivez-moi, sans vous faire remarquer, dans cet institut de beauté...

Le décor est luxueux. Une femme est assise dans un fauteuil, elle disparaît sous les serviettes blanches. Un homme affable, rose et bien rasé, virevolte autour d'elle.

– Je me résume, chère madame, cent fois dans un sens, cent fois dans l'autre, avec une brosse dure, s'il vous plaît ! N'ayez pas peur de vous faire mal ! (Rire discret.)

– Tous les matins ? interroge la cliente un peu inquiète.

– Bien entendu, chère petite madame, les soins du cheveu sont impératifs dès le lever. Pour le visage, je vous conseille nos lotions décapantes aux acides de fruits, une nouveauté ! La crème antidote indispensable, voyons, nous avons actuellement celle-ci, moelleuse, hyperhydratante, elle est prévue en trois versions : peau sèche, grasse ou normale. Pour le masque antirides, je vous suggère la version gel ; et j'allais oublier nos crèmes spéciales avec l'apport de la nouvelle génération de liposomes, une efficacité remarquable...

– Vous croyez vraiment... ?

L'officiant prend une voix sévère.

– Chère madame, ce que je vous prescris est le strict minimum. Maintenant si vous préférez porter le cheveu triste, avoir le teint brouillé, rebuter votre mari, faire honte à vos enfants...

– Non, non, je vous en prie, j'ai confiance en vous.

A nouveau délicieusement aimable :

– Bien, bien, il nous faut songer aux bains d'algues très revigorants, aux massages, etc.

Cette saynète est imaginaire, et toute ressemblance avec la réalité ne serait que pure coïncidence... mais à tout prendre le spécialiste, qui va jusqu'au bout de sa logique ou de sa passion, a raison. Ils ont tous raison : le nutritionniste, l'acupuncteur, l'homéopathe, le stomatologue, l'ostéopathe ou le sexologue. Ils ont raison : l'avocat, le publicitaire et les thuriféraires des mille et une associations, qui plaident pour l'écologie dans les Hautes-Alpes, l'enfance maltraitée, les monuments en péril, ou les derniers gypaètes. Tous nous pressent de nous investir là ou ici, chacun chantant sa juste chanson. L'effet terrifiant vient de l'accumulation. Nous sommes submergés, noyés, ballottés en tous sens, nous choisissons une branche au hasard, sur une impulsion, pour un détail, une broutille, une proximité. Nous nous proclamons libres ! Nous le sommes autant que le coq sur le clocher de l'église qui se flattait de commander au vent.

Le torrent d'informations que déversent sur nous les médias ajoute à notre désarroi. Comment démêler le vrai du faux, le probable et l'illusoire ? Dans notre jeunesse, nous suivons une mode, une idole, une cause qui passait par là, et bien au chaud au creux de la meute, nous dansons, un temps, avec les loups. Mais cela ne dure. Alors nous décidons de fermer notre cœur, notre porte, de ne plus vivre que pour nous ; qui peut le faire sans regrets, sans nostalgie longtemps... toujours ? Ou bien nous nous agrégeons à un parti, une philosophie, pour nous rassurer, nous construire enfin un destin. Si le choix s'avère décevant, voire néfaste, nous sommes confrontés à des révisions déchirantes, les exemples hélas abondent. Notre époque tumultueuse et surinformée est en quête de sens, elle est malade de sens. Nous vivons cette fin de millénaire dans une angoisse sourde, qui ne nous quitte jamais tout à fait.

Noir tableau, insolite sous ma plume. Si je l'ai décrit ainsi, peint dans cette lumière, c'était pour vous mettre en appétence, en désir ardent de trouver la paix. La solution existe, elle est en nous. Il faut chercher en nous-même le point d'appui. Descendre sous la vague, toucher le roc de la « buddhi », du bon sens. « Le bon sens, écrivait Descartes, est la chose du monde la mieux partagée. » Nous en possédons tous, il suffit de le découvrir. Ce n'est d'abord qu'un pas de côté, le retrait à peine esquissé, qui nous ôte les joues du brasier, libère nos yeux aux flammes liés. Ce geste si simple nous sauve. Un exemple pris sur le vif : en ce moment vous me lisez, et je suis moi aussi « un spécialiste », qui chante comme tous les autres sa petite chanson. Gardez à mon endroit la distance légère de l'humour. Je ne vous demande pas de ne pas me faire confiance, mais de rester une conscience éveillée. Le meilleur cadeau que je fis à mes élèves pendant mes trente-cinq ans de pratique, ce fut de leur dire : ne me suivez pas aveuglément, essayez, éprouvez, et quand le temps est venu, secouez devant ma demeure la poussière de vos souliers. Je vous enseigne la liberté.

EXERCICE

Le protocole de cet exercice est emprunté à l'une des voies du yoga classique : Jnana-Yoga (la voie de la connaissance). Disons un mot très bref de ces « voies » du yoga. Né dans l'Inde au cours du premier millénaire avant notre ère, le yoga est l'aboutissement du long effort des hommes pour prendre en main leur destin. Son but est la connaissance de cet animal singulier : l'être humain, et la mise au point de toues les techniques qui permettent de l'amener à son plein épanouissement. « L'art est une manière de faire, le yoga est une manière de se faire », écrit Masson-Oursel. Les cinq voies du yoga qui rassemblent et ordonnent ces techniques d'une extraordinaire complexité sont :

KARMA-YOGA : voie de l'action
BHAKTI-YOGA : voie de l'amour
JNANA-YOGA : voie de la connaissance (de l'intelligence)
RAJA-YOGA : voie de l'imagination (yoga royal)
HATHA-YOGA : voie du corps

Les méthodes modernes de relaxation, du training autogène à la sophrologie, s'inspirent de ces techniques du yoga. Tous les chemins spirituels, chacun dans son langage et selon sa foi, lui sont redevables. Je ne dis pas : « Il n'y a rien de nouveau sous le soleil », *je suis chrétien* et je crois à l'originalité du message évangélique, j'affirme simplement que les voies du yoga demeurent des sources inépuisables, et ses techniques une aide précieuse.

Ces explications du seuil étaient impératives avant d'aborder un exercice, qui peut sembler étrange, voire ésotérique. Je n'écris pas un seul mot au hasard (alors vous pensez un paragraphe... !). Nous allons explorer ensemble une « voie du yoga » très mal connue des Occidentaux : Jnana-Yoga. Nous partons à l'aventure dans le centre du « Moi ». Je rassure les crémnophobes (peur des précipices), nous ne dépasserons pas le quatrième niveau...

I. Les cinq Koshas : enveloppes du MOI
II. L'Atma : le SOI

ANNAMAYA-KOSHA : le corps physique
PRANAYAMA-KOSHA : l'énergie vitale
MANAMAYA-KOSHA : le mental
VIJNANAMAYA-KOSHA : l'intelligence claire, la Buddhi
ANANDAMAYA-KOSHA : la pure conscience, la Béatitude

ATMA : Brahman, l'Absolu, le SOI

VOYAGE AU CENTRE DU MOI

1. Préparatifs

Rassemblez votre matériel de spéléologue, les cordes, les échelles souples, n'oubliez pas le casque protecteur équipé de sa lampe frontale... Je veux dire, préparez-vous à une rude épreuve et belle aussi et fourrier d'espérance. Installez-vous dans une posture de yoga classique (diamant, lotus, etc.) ou assis sur une chaise, le dos droit, le menton parallèle au sol, les mains posées dans le giron comme des fleurs cueillies, la respiration offerte, calme, régulière, les yeux fermés. Le col ni la ceinture ne vous étranglent ? Vous êtes prêt ? Nous allons pénétrer ensemble dans la grotte du « moi ». En route !

2. Annamaya-Kosha : le corps

Examinez votre corps de l'extérieur, comme les autres le voient, estimez son poids de chair et d'os. Il est partie intégrante du cycle de la vie, maillon de la chaîne alimentaire avec les plantes et les animaux. Le corps est « anna », nourriture. Il mange et il sera mangé. C'est la loi de Manou, disent les anciens textes. Regardez en face le « ver irréfutable », selon le mot de Valéry, ne fuyez pas cette première évidence. Vous n'êtes pas que cela, mais vous êtes cela aussi. Avancez, ne vous accrochez pas à cette aspérité. « On est libre de ce que l'on accepte, et prisonnier de ce que l'on refuse », écrit Arnaud Desjardins[1]. C'est fait, vous êtes libre ? Observez maintenant l'aspect de votre corps. Êtes-vous âgé, laid, déformé, jeune, beau, top model ? maigrichon, ventripotent ? peu importe, ne reprochez pas à votre corps ses disgrâces, ne vous « gloriolez » pas de ses beautés. Acceptez-le, soyez son ami. En signe d'alliance, ne froncez pas ainsi les sourcils, ne ridez pas le front, ne contractez pas les épaules. Détendez-vous, glissez souplement le long de la corde. Nous voici au second puits.

3. Pranayama-Kosha : l'énergie vitale

Selon les yogis, le « Prâna » est l'énergie universelle, qui fait graviter les étoiles et les planètes, anime tout ce qui vit

1. Arnaud Desjardins, *A la recherche du soi*, La Table ronde, Paris, 1977.

sur la terre. Les exercices respiratoires, connus sous le nom « Pranayama » ont pour dessein de renouveler cette énergie.

Mon corps n'est pas seulement nourriture, image, il est aussi énergie. Je suis malade, épuisé, bien portant, dans une forme exceptionnelle. Cimes, abîmes, et la longue plaine des entre-deux. Ma vie s'infléchit suivant la courbe de mon énergie. Sans trêve elle se nuance comme les nuages au ciel changeant. C'est cela que je dois « accepter » à tout instant, pour franchir ce passage. J'ouvre ici une parenthèse : « accepter » ne signifie pas renoncer à me soigner si je suis malade, à me reposer si je suis fatigué. Le terme « accepter » équivaut à reconnaître pour vrai ce qui est vrai. « *Ce qui est est.* » Se bercer d'illusions, nier la réalité, est à la rigueur un jeu, un instant de vacances, ce n'est pas un chemin.

Nous voici à pied d'œuvre pour accéder au troisième niveau. Le plus difficile est devant nous, mais la lumière souterraine se rapproche. Courage, je viens avec vous.

4. Manamaya-Kosha : le mental

« ... Et le singe se regardait dans une glace, car son agitation lui plaisait jusqu'à la fascination[1]. » Cruel portrait. Mais ce singe ivre, Narcisse ébloui, livré à la peur, aux désirs, aux émotions, aux passions, aux brûlures, traversé par les « vrittis », les pulsions qui viennent de l'inconscient ; ce fantoche, qui croit réfléchir, juger, arbitrer, alors qu'il ne « chérit » que ses opinions ; ce pantin, que le ballet des stimuli, le zapping fou de la vie fait danser au bout de ses ficelles... n'est-ce pas un peu nous cependant ? Nous vivons au pays de « manas », le pays du mental, des émotions, des idées, qui reflètent à

1. Éva Ruchpaul, *Encyclopédie planète*, éd. Planète, 1969.

l'endroit, à l'envers, c'est pareil, la mode du temps. Nous ne pensons pas, nous réagissons. Pourtant nous avons accès à « Vijnanamaya-Kosha », l'intelligence claire, la réponse juste et autonome, le « bon sens ». Il suffit de nous voir, de nous « reconnaître » tels que nous sommes. Admettre sa prison, c'est le premier pas vers la liberté.

– Je vous écoute, je vous écoute... et n'en crois pas mes oreilles ! Vous prétendez me débarrasser de mes désirs, de mes émotions, de mes illusions ? Mais c'est le suc de ma vie, la vie même ! Je ris et je pleure, je souffre, j'éclate de joie, je me passionne, je rêve, je me trompe et recommence, je trébuche et me relève, je crie misère et j'exulte, je suis en colère, jaloux, heureux, j'ai peur, je vibre, j'aime, je suis vivant !!

Je pensais déjà que cette étape serait la plus difficile. Homme, comme tu te débats, comme tu aimes tes chaînes ! Je contemple sans répondre la salle où nous nous trouvons. Les parois de la caverne sont décorées de superbes fresques : petits chevaux courant avec des bouquetins, une splendide vache rouge à tête noire, des ours, des rennes... le lieu est fascinant.

– Je vous comprends, dis-je enfin. Mais je ne vous demande pas de renoncer au pays de « manas », vous ne le pourriez pas. Je vous supplie de passer au-delà. Vous avez « accepté » le corps nourriture, le corps forme, le corps énergie, « acceptez » le singe ivre. Ne vous identifiez pas à l'un des aspects de vous-même. Passez outre, soyez libre. Je vous invite à poursuivre l'aventure jusqu'à « Vijnanamaya-Kosha ». Je ne contrains personne. Mais ceux qui découvriront le pays de la claire lumière ne l'oublieront pas. Vous habiterez un bref moment le « monde » et non plus « votre monde ». Vous toucherez du talon le roc de la « Buddhi », vous mesurerez vos jugements à l'aune du « Bon sens ». Vous connaîtrez de surcroît une paix, qui vous fera le cœur changé.

Nous aurons besoin des échelles souples, le puits est profond. Vous venez... tous ? Merci. Nous descendons.

5. Vijnanamaya-Kosha

Le pays au-delà de l'émotion.

Je pose sur les événements, les choses, les gens un regard exact, un regard vrai. Comme l'enfant du conte d'Andersen, je vois la nudité du roi. S'écroulent autour de moi les faux-semblants, les mensonges, les images qui chatoyaient dans les miroirs biseautés. Les Arlequins perdent leurs masques, les Colombines leurs attraits. Je ne crois plus aux discours enflammés, je compte mes rides dans la glace. Je suis comme un dormeur que l'on vient éveiller et chasser de son rêve. Je suis désenchanté.

Le bon sens est une pierre rugueuse.

Dans ce paysage aride voici qu'une lumière affleure, une joie peu à peu m'envahit. Une impression de sécurité ? Le « bon sens » est un apaisement, une ancre solide. Mais c'est autre chose de plus exaltant... l'amour ? Mais l'amour que je connais n'a pas ce goût, il est passion, jalousie, désir de posséder, il veut la réciprocité. « Amour compassion ? » peut-être, si ce terme en Occident a de la justesse, une sorte d'amour qui n'a pas de nom, un amour qui offre et qui ne demande rien, qui accueille tout et tous, une fraternité sans limites, une flamme qui arde sans brûler. Je sens poindre une aube inconnue... J'ai dit « oui » à mon corps, à mes désirs, à mes pensées, au monde tel qu'il est, je ne les ai pas « niés », et ce « oui » m'a délivré. L'intelligence du cœur a rejoint la raison objective dans cet instant de « non-égoïsme ».

Mais le miracle déjà est passé. Se réveillent les « vrittis », les pulsions, les impatiences, le désir de revoir la fête des images, l'envie de danser au ballet des illusions. Il est long, le chemin de Sagesse ! Il me restera de mon voyage dans la grotte du « moi » une certitude, une paix : le bon sens existe, je l'ai rencontré, et je me souviendrai de la saveur fugitive de la sérénité.

La quête du « bon sens » est une authentique relaxation, et sans doute davantage...

LE PARDON DE SOI

> Dieu est un Dieu du présent. Tel il te trouve, tel il t'accueille et te reçoit, non pas tel que tu as été, mais tel que tu es maintenant.
>
> Maître Eckhart.[1]

L'unité

François, vingt ans, étrenne sa quatre-chevaux Renault à toit ouvrant, pimpante et d'un beau vert amande. Ce matin d'été 1954, il s'engage nez au vent sur le boulevard du front de mer de B... Soudain un bambin de trois ans échappe à la surveillance de sa mère et traverse devant lui en courant. François le cueille de plein fouet. L'enfant décède quelques heures plus tard à l'hôpital.

Vous imaginez le désespoir et la colère des parents, l'accablement et les remords de François.

– Tu ne pouvais pas l'éviter! lui disais-je. Il s'est jeté sous tes roues!

– Non, j'étais distrait, je regardais la mer. Je me sens coupable, tellement coupable!

1. Maître Echkart, *Les Traités et le Poème*, Albin Michel, 1996.

François, les mois suivants, ne parvint pas à oublier ce drame, il culpabilisa. Il franchit le pas décisif et dangereux qui sépare la culpabilité de la « culpabilisation ». Lorsque l'on se reconnaît coupable, on juge et condamne un acte, quand on culpabilise on se condamne SOI. J'ai connu François pendant quarante ans, il était souvent amer, dépressif. Il ne rendit pas très heureux sa femme et ses enfants. Il ne fut plus jamais celui que j'avais connu avant l'accident.

Le refus de se pardonner, la CULPABILISATION est une maladie. Sous sa forme aiguë elle génère la haine de soi et des autres, elle est source de la plupart des névroses, et des violences à l'égard d'autrui. Sous sa forme bénigne elle nous écorche l'âme à la moindre erreur, la plus infime peccadille. Il faudrait nous faire miséricorde tous les matins, comme on se lave le visage ou les mains. Cela est bel et bon, me direz-vous, mais comment y parvenir ? Vous subodorez ma réponse... en pratiquant cette très belle et difficile « relaxation du pardon ». Je reconnais que je ne vous offre pas un chemin de fraises des bois. Mais je vous promets des résultats mirifiques, étourdissants, pharamineux ! Mes adjectifs hyperboliques ont réussi à vous faire sourire ? Tout est bien : vous êtes prêt pour un exercice qui demande ténacité, courage et une lucidité souriante.

EXERCICE

1. Regardez-vous dans le miroir

Regardez-vous en vérité. Ce n'est pas si aisé que cela semble. Je me souviens qu'adolescent je craignais plus que tout de poser mon visage nu face au miroir. Je me tortillais, grimaçais, changeais d'angle et de lumière, fronçais le nez, tordais les joues ; étirais mes lèvres ; je prenais des airs penchés, ahuris ou féroces : bref je posais des masques sur ma figure pour échapper à ma réalité boutonneuse, à mon visage cru, à ma vérité nue. Et maintenant que j'aborde la septantaine, que je me caricature et me ridelle, il faut me tenir ferme pour ne pas fuir à nouveau et refuser de me regarder. Regardez-vous, regardons-nous dans le miroir avec lucidité et amitié. Que voyons-nous ? Un être humain. C'est-à-dire un mammifère du genre primate dont les ancêtres se dressent sur leurs pattes de derrière depuis quelques millions d'années, une poussière, une cabriole de puce sur la grande ligne du temps. Un « humain », c'est-à-dire par définition un être imparfait soumis à la maladie, au vieillissement, à la mort. Sujet aux passions, aux erreurs, lâche, courageux, et doux et querelleur, et bon et méchant, un homme. Rien de plus, rien de moins. Souriez de vos exigences absurdes : « Je ne me supporte que parfait ! » Acceptez d'être homme, tout bonnement homme. Aux chrétiens mes frères, je citerai la première épître de saint Jean : « Car si notre cœur nous accuse, Dieu est plus grand que notre cœur » (Jean 3,20).

Maintenant pour affiner votre connaissance de vous-même, je vous propose un jeu de portraits. Un proviseur de lycée fait observer à l'un de ses collègues professeurs son manque de ponctualité. Trois réactions :

A.

– En retard à mes cours ? Bof ! quelle importance !

– Monsieur Dupont, vos élèves chaque matin piétinent pendant dix minutes dans le couloir et dans le froid. Ils sont lésés de cours d'une durée normale !

– Entre nous, monsieur le proviseur, les petits sagouins ne demandent pas mieux ! Ah ! Ah ! Ah !...

(L'insouciance affichée est parfois la marque d'une culpabilisation inconsciente.)

B.

– Monsieur le proviseur, j'ai cinquante ans, et trente ans de carrière, je n'admets pas...

– Monsieur Durant, j'ai une grande estime pour vous...

– C'est intolérable, après une vie sacrifiée à l'enseignement...

– Je vous disais seulement que depuis le début du trimestre vous arrivez régulièrement en retard, et si vous pouviez...

– Je vais en référer à mon syndicat ! Si l'on me pousse à bout, je prendrai ma retraite anticipée...

Un sourire qui échoue dans le vide. M. Durant est tétanisé sur sa colère, ou sa blessure. Il part en claquant la porte.

C.

– Oui, je ne suis guère ponctuel.

– Vous avez peut-être des motifs particuliers.

– En effet.

– Voulez-vous m'en parler ?

– Non, mais je vous remercie de votre compréhension, monsieur le proviseur, je vais régler ce problème rapidement.

Ces portraits vous ont éclairé ? vous êtes plutôt désinvolte, culpabilisé, équilibré, un subtil mélange des trois ? Utilisez ces repères pour mieux aborder la suite de l'exercice.

2. Le pardon de soi est une stratégie

A. Discutez avec vous-même

– Je viens de dire au cousin Paul que sa fiancée a des yeux de veau... je suis vraiment un salaud !

– Tu as dit une méchanceté, ce n'est pas tout à fait pareil !

– Ce n'est pas la première fois...

– En effet.

– Tu vois bien, je suis un salaud !

– Le mois dernier tu as pris la défense d'un collègue, seul contre tous...

– Oui, cela m'amusait...

– On m'a dit que tu parrainais une petite fille rwandaise.

– Oui.

– Tu te considères comme un héros, un saint ?

– Ne dis pas d'absurdité !

– Pourquoi serais-tu un salaud quand tu commets une méchanceté, et jamais un héros, un saint, quand tu poses un acte généreux ?

Dialogue de soi à soi qu'il faut mener énergique et vif chaque fois que se glisse en nous le poison sournois de la culpabilisation. Nettoyons notre esprit, nettoyons notre cœur. Qui sommes-nous d'ailleurs pour nous juger ? Chaque homme est un mystère, et même si nous pouvions conclure à notre indignité, il faudrait encore nous aimer. C'est le seul chemin.

B. Imitez ceux qui savent se pardonner

La seconde étape de la stratégie du pardon est l'imitation.

« Les exemples vivants sont d'un autre pouvoir », s'exclame Don Gormas dans *Le Cid* de Corneille (acte I, scène III), l'argument a de la force. Les hommes sont une espèce grégaire et chacun règle sa conduite sur celle d'autrui. Observez les adolescents qui veulent tous à un moment précis exhiber les mêmes jeans, les mêmes Nike, arborer la même coiffure. Les adultes ne sont ni plus indépendants ni plus sages, ils adoptent ou rejettent selon la mode et le temps la même musique, la même peinture, les mêmes idées générales. Utilisez cet instinct moutonnier pour améliorer votre santé psychique. Essayez de fréquenter les personnes qui assument leurs erreurs, savent les reconnaître, les corriger et se les PARDONNER. Vous les imiterez ponctuellement comme vous vous surprenez à bâiller quand votre voisin le fait.

C. Soyez persévérants

Enfin soyez tenaces, obstinés. La culpabilisation explicite ou latente est pour la plupart d'entre nous une seconde nature. « On ne se débarrasse pas d'une habitude en la flanquant par la fenêtre ; il faut lui faire descendre l'escalier marche par marche », dit Marc Twain. Ces idées irrationnelles, on nous les a inculquées dès notre plus jeune âge : « Tu n'as pas rangé tes jouets, tu es un méchant garçon, une vilaine fille. » Faux ! Ce n'est pas moi qui dois être jugé mais mon acte, mon désordre, et la flèche éducative doit prendre garde à ne pas me blesser en visant mon méfait. Professeur, quand il m'arrivait de lancer étourdiment : « Dupont, décidément tu es nul ! », je rectifiai promptement : « Ce n'est pas toi qui es nul, mais ton dernier devoir de français. » Imaginez, disais-je, à ma classe de cinquième désarçonnée par ces subtilités, imaginez que nous soyons par un coup de baguette magique transportés à l'instant sur une piste de ski. Votre professeur est coiffé d'un curieux bonnet de laine rouge, il s'élance sur la neige avec des gestes patauds, et presque aussitôt s'étale, les bâtons en croix. Vous voyez la scène ? « Ah, monsieur, vous êtes nul ! » s'esclaffe Dupont. Mais a-t-il raison ? Je ne me résume pas à mes performances sportives, ce n'est pas « moi » qui suis nul mais l'acteur skiant. Ainsi quand je vous interpelle en classe, je m'adresse à l'acteur scolaire, et ne juge pas la personne. Qui suis-je d'ailleurs pour percer les cœurs et les reins ? Et peut-être celui que j'admoneste me dépasse-t-il en réalité de cent coudées...

Après ce beau discours à mes élèves, je rentrais chez moi et j'oubliais ces vérités éducatives. Je m'irritais parfois contre mes deux filles, délicieuses pourtant : « Aline, tu ES ceci », « Cathie, tu ES cela ». Nous avons grandi, en Occident, dans un environnement culturel culpabilisant et nous reproduisons ce schéma avec nos propres enfants. Aussi la bataille est-elle rude pour recouvrer le bon sens, l'équité, la liberté éclatante du « pardon de soi ». Mais à force de dialogues intérieurs, d'imitation éclairée, d'humour lucide et bienveillant nous la gagnerons, la difficile et si belle relaxation du pardon.

– Et le chat ? me demande Tiphaine, cinq ans, la dernière de mes petites-filles.

– Le chat n'a pas besoin de se pardonner, il n'est pas divisé contre lui-même, il est définitivement innocent !

Et j'ajoute en adoptant une voix caverneuse :

– « Tout royaume divisé contre lui-même court à la ruine, et les maisons s'y écroulent l'une sur l'autre » (Luc XI,17).

– Papa ! intervient ma fille aînée, tu dis vraiment n'importe quoi aux enfants !

– Le philosophe Alain demandait qu'on lise Racine près des berceaux, moi j'enseigne à ta fille le pardon de soi, et je lui cite l'Évangile ! dis-je indigné.

Tiphaine fait « boum ! boum ! » en imitant les maisons qui s'écroulent. Ma fille aînée sourit avec indulgence en nous regardant. Miquet procède à sa toilette avec la sérénité des consciences tranquilles.

LA MISÉRICORDE

Vertu de ceux qui sont sensibles à la misère, au malheur d'autrui : la miséricorde. Le bouddhisme enseigne que la « compassion » est la source de l'harmonie. Le Christ affirme dans l'Évangile : « Heureux les miséricordieux, il leur sera fait miséricorde » (Matthieu V,7). Le psychologue sait que la bonté, la compassion, la miséricorde apaise, être bon, c'est se rendre d'abord service à soi-même. En somme cette vertu de miséricorde est une vertu boomerang, et, si j'ose cette malice, une vertu à bénéfice.

On comprend mieux l'engouement, la mode de l'« humanitaire », et l'étonnante efflorescence des associations caritatives ! Je plaisante sur un sujet sérieux. Mais rien de solide ne s'établit sans lucidité. Pourquoi ne pas admettre avec simplicité que donner aux autres soit une chance et une joie ? La réalité n'est pas moins belle d'être regardée en face. La miséricorde, à la fois éveil du cœur et oblation, est une RELAXATION.

EXERCICE

1. La posture de l'arbre

Avant d'éveiller le cœur, de le faire chanter comme l'alouette grisolle et s'enivre à l'aube d'été, bref avant toute envolée romantique et étourdie, il est sage de bien assurer sa stabilité, son équilibre mental et physiologique. On ne donne que ce que l'on a, et souvent ce que l'on est.

A. Prise de la posture

Faites porter le poids du corps sur la jambe gauche (cf. fig.). Appuyez fermement le pied droit contre l'aine gauche.

B. Posture

Redressez-vous, étirez le torse, détendez les épaules, imaginez que votre tête est juste en équilibre comme une fleur sur sa tige. Le visage est sans expression, les joues lisses, les lèvres épanouies exactement posées l'une sur l'autre, les dents ne se touchent pas. Joignez les mains devant la poitrine. Regardez le sol à une distance de deux mètres environ. Respirez lentement, profondément, régulièrement.

Restez ainsi une ou plusieurs minutes (selon vos possibilités) et procédez de façon symétrique. Prenez alors appui sur la jambe droite, etc…

C. Dénouez la posture

Allongez-vous à plat sur le dos, la nuque bien étirée, les bras et les jambes légèrement écartés du corps, les paumes tournées vers le ciel, les pieds tombant vers l'extérieur. Respirez lentement, profondément. Abandonnez-vous, lâchez prise, lâchez prise...

D. Effets

Cette âsana (posture) régularise le système neurovégétatif, accorde la sérénité cardiaque et guérit même la timidité. En faisant la part d'une certaine poésie orientale des maîtres yogis, je dirais qu'elle permet avant tout l'exercice de la lucidité. La plupart des élèves débutants passent par une période d'essais et d'erreurs. Ne pas « tenir » l'équilibre alors que le voisin y parvient aisément demande modestie, patience, courage, persévérance, humour. Réussir l'équilibre du premier coup alors que le voisin patauge et résister à la futile vanité exigent modestie, humour, lucidité.

Cette posture d'équilibre physique et mental déblaie le terrain pour une pratique éclairée de la miséricorde.

2. Respiration de la miséricorde

Prenez une posture de stabilité. Assis entre les talons (vajrâsana), en lotus ou tout simplement assis sur une chaise. L'important est que le ventre, la poitrine, la gorge s'offrent librement à la respiration. Veillez à la rectitude de la colonne vertébrale.

A. Inspiration

Inspirez profondément, lentement, de façon continue. Vous imaginez que vous absorbez l'énergie (le prâna) de l'univers. Visualisez une lumière, dorée de préférence, évitez les lumières blanches. Vos yeux sont mi-clos. Soyez concentré, sans contraction inutile, avec tranquillité.

B. Poumons pleins (Khumbaka)

Vous avez gonflé souplement le ventre, élargi l'accordéon des côtes, surélevé le thorax, vous scellez maintenant l'air dans vos poumons en obturant à demi la glotte (Jalandhara Bandha), en contractant le muscle relevateur de l'anus et du périnée (Mula Bandha). Vous êtes en apnée, attentif à votre plexus solaire, la région située entre l'appendice xiphoïde et le nombril. Pendant quelques secondes (20 maximum chez les débutants) vous restez ainsi tendu et plein comme un tambour, un tambour d'énergie et de soleil.

C. Expiration de la miséricorde

Le moment est venu de vivre la relaxation que vous avez longuement préparée. Vous expirez par le nez avec régularité et douceur, et vous éveillez votre cœur, vous le laissez aimer. L'énergie que vous avez recueillie, vous l'offrez. Vous dispensez le « prâna », vous partagez, vous secourez en pensée le proche et l'étranger :

« ... un Samaritain, qui était en voyage, arriva près de l'homme ; il le vit et fut pris de pitié. Il s'approcha, banda ses plaies en y versant de l'huile et du vin... » (Luc 10,33).

Vous communiez avec la peine des hommes. Vous ressentez jusque dans vos os la définitive, l'infinie compassion : « Bouddha répand sa miséricorde sur la plus insignifiante chose. » A cet instant la plénitude de la bonté vous envahit comme la vague recouvre le sable de la grève. Vous êtes en paix, vous vivez une étonnante et très belle relaxation.

LA RELAXATION DE L'AMOUR
Ou « le saut à l'élastique »

« Que faut-il dire aux hommes ? »

Saint-Exupéry.

Source de joie, l'amour guérit nos peurs, nous accorde la plénitude. L'amour donné et reçu nous baigne de paix. Il est par privilège un chemin de relaxation. Mais l'amour, écrit Montaigne, est « sujet à fiebvres et à remises », il navigue du port d'illusion au lac d'indifférence en passant par le cap des tempêtes. Comment se fier à l'amour ?

La réponse est insolite et paraîtra à quelques-uns insupportable, inécoutable. Que ceux-là tournent la page. Je demande aux autres l'intelligence du cœur et un esprit d'aventure. L'amour qui permet, qui promet la plus belle des relaxations est « l'amour mystique ». Cet « amour »... toutes les sagesses, toutes les religions de la terre l'ont célébré sous une forme ou sous une autre. C'est le plus haut degré de l'amour, le seul peut-être, qui mérite vraiment ce nom.

Ainsi en parle saint Paul : « ... il prend patience, l'amour rend service, il ne jalouse pas, il ne plastronne pas, il ne s'enfle pas d'orgueil, il ne fait rien de laid, il ne cherche pas son intérêt. Il excuse tout, il espère tout, il endure tout. L'amour ne disparaît jamais » (I Cor 13).

– Cher auteur, m'autorisez-vous une question ?

– Je vous en prie...

– En quoi votre propos me concerne-t-il ? Je suis un homme parmi d'autres, je n'ai aucune chance de connaître un jour cet amour « mystique » !

– Je vous affirme le contraire, et la solution est à portée de main.

– Vous plaisantez... ?

– Je vous propose de tenter une expérience. Pendant quelques instants, vous allez supposer le problème résolu, vous serez un grand sage, un saint d'un quart d'heure. Vous aimerez sans calcul, sans mesure, vous aimerez tout et tous.

– C'est impossible !

– C'est une aventure, une plongée dans l'inconnu, une sorte de saut à l'élastique moral. Vous allez vous jeter tête la première dans le vide de l'amour parfait.

EXERCICE

1. Préparatifs

Installez-vous dans un endroit tranquille. Choisissez une posture confortable (couché, assis, en lotus), peu importe.

Pratiquez une relaxation éclair. Donnez à vos muscles un ordre général de démobilisation. Repos, fin de l'alerte, fin de la vigilance. Détente. Éclairez de votre conscience et parlez à votre jambe gauche, à la jambe droite, au ventre, aux reins, à la poitrine, au dos, à la gorge, à la nuque. Terminez par le visage, que vous lissez et le crâne que vous imaginez traversé d'une brise légère, tandis que se dissipent les stases vasculaires.

Maintenant soyez attentif à votre respiration : respirez calmement, profondément, régulièrement. Comptez quatre respirations et recommencez plusieurs fois. Ne dépassez pas le chiffre quatre, l'expérience a prouvé que c'était le nombre optimal pour une bonne concentration. Vous êtes prêt ? Ne soyez pas inquiet, vous n'allez pas mourir mais AIMER. Il est vrai que vous allez mourir à vous-même, selon les mots des textes sacrés, mourir à cet « ego » méfiant, féroce, étroit. Mais cela ne va durer qu'une poignée de minutes à peine, et vous recevrez en échange la joie inouïe, vertigineuse, et la paix qui dépasse tout entendement.

2. Sautez

« Tout ce que tu as, vends-le, distribue-le aux pauvres, puis viens, suis-moi » (Luc 18,12).

Donnez en pensée tous vos biens. Commencez par le plus facile : vos jouets d'adulte, votre radio, votre télé (mon maître de yoga nous disait à ce moment : « Je veux voir les télés voler à travers la salle »). Donnez vos meubles, votre automobile, votre maison. Donnez votre livret A, votre plan d'épargne, vos comptes en Suisse, vos pièces d'or que j'aperçois cachées sous votre matelas. Débarrassez-vous de TOUT.

Donnez aussi, et c'est encore plus difficile, votre statut social, vos opinions, et jusqu'à vos affections, vos amours humaines. Ouvrez vos mains. Ôtez vos griffes du plat !

J'ai connu jadis une vieille religieuse, qui participait à cet exercice. Après la séance, je la questionnai :

– Sœur Véronique, vous avez dû effectuer sans difficulté le « saut à l'élastique » ! Vous êtes accoutumée à ce dépouillement.

Elle ne me répondait pas, le front soucieux. Je la voyais hésiter, et elle me dit brusquement :

– Eh bien, oui j'ai tout donné, d'ailleurs je n'ai rien, j'ai tout donné sauf...

– Vous avez gardé quelque chose, vous, ma sœur ! fis-je avec un air malicieusement offusqué.

– Depuis quelque temps, j'élève un petit lapin blanc, je l'ai apprivoisé, il est si mignon, je n'ai pas pu le donner tout à l'heure, acheva-t-elle dans un soupir.

Je la rassurai, je ris avec elle. Mais je le répète, il faut tout donner, tout. Il faut sauter dans le vide, nu et désarmé comme au jour de sa naissance.

3. La chute dans le vide

Parce que vous êtes maintenant « désarmé et nu » sans le rempart de vos biens, sans les étais ordinaires sociaux, culturels, affectifs, parce que vous avez tranché les cent bras de la poulpe, ces liens enchevêtrés, qui vous mêlaient à l'autre, aux autres, parce que vous avez quitté le jeu où l'on essaie de dominer l'autre, de le modifier, de le façonner à notre avantage, et si l'on ne peut, de se faire caméléon de ses désirs ; parce que vous vous connaissez seul, vous êtes confronté à ce que les mystiques ont parfois appelé le « choc du désert », vous découvrez soudain votre « moi » intérieur, votre réalité profonde[1].

Cette prise de conscience, ce regard neuf que vous jetez sur vous-même et sur le monde, vous apporte coup sur coup deux révélations capitales. L'autre est Autre. Il n'est pas l'ombre portée de vos désirs, il existe avec sa forme unique, ses goûts, ses répulsions, sa « luisance de poil », sa légitime et féroce envie de vivre. Vous lui donnez le « droit » d'être différent, vous acceptez la désillusion de l'altérité, et la mélancolie de votre orphelinage. Mais dans le même temps une vérité vous frappe, vous illumine d'une éblouissante clarté : l'autre c'est vous, et vous êtes lui. Vous êtes les feuilles d'un même arbre, et la sève qui coule dans ses limbes, son pétiole, ses cellules coule en

1. Anandamaya-Kosha : la Béatitude.

vous aussi. Vous êtes uni à l'autre : ami, ennemi, proche, étranger, concitoyen ou barbare : « Il est mon frère et nous avons le même visage d'essentiel. » L'autre c'est vous et vous êtes lui, un sentiment étonnant et fou s'empare de vous, si fort, si doux. Vous aimez et vous êtes aimé comme jamais, vous abordez votre définitive patrie. Vous n'avez plus rien à désirer, à recevoir ; dans le vent qui siffle à vos oreilles, dépouillé de tout, près du fond de l'abîme, vous sentez une paix inconnue vous envahir, vous ensoleiller, la paix de l'AMOUR.

4. La remontée

L'élastique vous ramène à votre point de départ. Vous vous ébrouez, vous endossez vos habits de tous les jours, votre mental ordinaire. Vous reprenez votre sac de peurs, de joies, de désirs. Vous êtes à nouveau dans le jeu du relatif et des apparences, vous avez réintégré votre univers familier. OUF !... oui, sans doute. Mais vous n'oublierez pas, vous n'oublierez plus cette « sonate de Vinteuil », la relaxation de l'AMOUR, et vous en garderez longtemps dans le secret le cœur nostalgique et affamé.

J'ai raisonnablement hésité avant de livrer cette relaxation inusitée. Mais quand l'on détient le privilège (exorbitant si l'on y songe) d'écrire et d'être lu, quand l'on est « écrivain » si chétif que l'on soit, vient le jour où l'on se pose la question que Saint-Exupéry répétait à la fin de sa vie si courte : « Que faut-il dire aux hommes ? » Que faut-il leur dire d'essentiel, qui leur apporte un peu de sagesse, de vérité, une chance neuve ? Que faut-il leur dire, dont on n'ait pas trop à rougir jusque dans l'éternité ? C'est l'interrogation assourdissante qui tambourine à mes oreilles grisonnes. J'ai fait ce que je croyais, ce que je devais. Le reste déjà ne m'appartient plus.

ÉPILOGUE

Un écrivain célèbre plaçait devant lui une chaise vide, pour symboliser l'inconnu qui un jour le lirait, et donnerait vie aux signes qu'il traçait sur le papier. Un auteur n'écrit pas seul son livre, le lecteur y est toujours de moitié. L'occasion m'est offerte de le vérifier, Paul, ce jeune homme intelligent et timide que j'ai naguère aidé à maîtriser son trac, me rend visite ce matin.

– Paul, voulez-vous[1] me faire l'amitié de lire ces pages, et me donner vos impressions ?

– Je suis déçu, m'avoue Paul, un quart d'heure plus tard, avec la franchise un peu brusque des timides.

– Vous n'appréciez pas cette fin ?

– Je ne comprends pas que le chat soit absent de ce dernier carré de relaxations, où est ici son exemplarité, sa méthode ?

– Eh bien, fais-je un peu décontenancé, Miquet m'a communiqué l'élan nécessaire, il a provoqué l'étincelle, mais...

– Suggérez-vous qu'un chat n'est capable ni de bon sens, ni d'unité, de générosité ou d'amour ?

1. Les lecteurs attentifs et malicieux, qui me lisent dans les coins, auront observé que je tutoie Paul au début du livre, et le vouvoie dans l'épilogue. La réserve naturelle de ce garçon m'a contraint à ce changement de pronom personnel. S'adapter est la menue monnaie de la sagesse... *(N.d. A.)*

– C'est-à-dire...

– A douze ans, reprend Paul songeur, j'avais une chatte blanche. Minouche régnait sur la maison, jusqu'au jour où mes parents recueillirent un affreux bâtard. Minouche, qui était la délicatesse faite chatte, vit en un instant son univers bouleversé. Effrayée et scandalisée par les façons brutales et grossières du nouveau venu, elle manifesta sa réprobation en se cachant sous les meubles, sous les lits; elle se fit hautaine, boudeuse, absente. En vain. Le joyeux luron la poursuivait sans répit de ses assiduités braillardes. Dans le jardin elle fuyait, grimpait désespérément aux arbres, ou bien dos arqué elle crachait furieusement dans sa direction. Mais elle maigrissait, elle se consumait. Un soir, en rentrant de l'école, j'assistai à un miracle. Minouche dormait paisiblement entre les pattes du chien. C'est elle seule, m'expliqua maman, qui a brusquement décidé de mettre fin à une situation sans issue. Elle s'est approchée de César, en faisant patte de velours. Elle a supporté sans broncher ses mordillements, ses coups de langue maladroits, ses aboiements, ses jeux brutaux. Minouche s'était adaptée. Plutôt que la guerre, ou la fuite perpétuelle, elle avait choisi la réponse juste : la réponse du « bon sens ».

Un chat par ailleurs est spontanément unifié, réconcilié. Quand il mange, il mange. Quand il chasse, il chasse. Quand il dort, il dort. Une leçon pour l'homme, ce pays divisé contre lui-même, ce parlement avec ses majorités relatives et changeantes, ses partis hostiles, sans compter les forces qui manœuvrent dans l'ombre, les anarchistes, les extrémistes de tous bords, et les poseurs de bombes, les ondoyants, les traîtres, qui passent d'un jour à l'autre et sans crier gare à l'ennemi. L'homme, qui doit acquérir lentement par le truchement du « pardon de soi » cette unité, cette réconciliation avec lui-même, que le chat possède d'emblée. Quant à la « miséricorde », je ne vous citerai qu'un exemple : une chatte adopte un chaton orphelin, elle le nourrit, l'éduque à l'égal des siens, sans formalité, sans hésitation. « L'amour... »

– Mon cher Paul, dis-je en riant, je suis ébloui par votre plaidoyer. Admettez cependant que « l'amour »...

– L'affection, la tendresse qui nous lient à un chat surpassent bien des liens humains, réplique Paul, le front buté.

Je lui souris avec sympathie.

– Je ne connaissais pas votre passion pour les chats, dis-je.

Paul a repris son air de grand jeune homme emprunté.

– J'ai toujours vécu en leur compagnie, j'étais un enfant unique, observe-t-il à mi-voix.

Je ne réponds pas. Cette matinée de mai est tranquille. Un silence amical s'installe. On entend au loin la cloche de l'église du village égrener ses notes graves dans le ciel. Miquet sur son fauteuil n'a pas bougé. Les yeux mi-clos, il suit un rêve qui l'emmène loin de nous... Chat réel, chat fantôme, étranger déjà, en quel pays vas-tu rejoindre ton mystère...

Le chat sourit, disparut
et l'écran demeura paisible, comme
une fenêtre sur la campagne
où s'éveillaient les premiers oiseaux[1].

1. Jacques Roubaud, *M. Goodman rêve de chats*, Gallimard, 1994.

ENVOI

Andrée Chédid a bien voulu saluer ainsi « en poésie » *La méthode du chat.*

La vie
N'exclut
Ni nouvelles ni gouffres
Ni l'algue ni les brisants.

Intarissable
Elle prodigue ténèbres et fruits.

Iconoclaste
Elle culbute les porteurs d'emblème
S'émerveillant du seul vivre
Elle va souveraine
Où il n'est pas d'enclos.

A. C.

Table

RÉALISATION : PAO ÉDITIONS DU SEUIL
IMPRESSION : NORMANDIE ROTO IMPRESSION S.A.S. À LONRAI (FRANCE) (06-04)
DÉPÔT LÉGAL : JANVIER 2002. N° 53054-3 (041595)